Bywyd wrth â BEN-ÔL BUWCH

Anturiaethau Dyn Tarw Potel

ANEURIN DAVIES

gyda Terwyn Davies

Gomer

Cyhoeddwyd yn 2014 gan
Wasg Gomer, Llandysul, Ceredigion SA44 4JL
www.gomer.co.uk

ISBN 978 1 84851 718 9

Cyhoeddir gyda chymorth ariannol
Cyngor Llyfrau Cymru.

Argraffwyd a rhwymwyd yng Nghymru gan
Wasg Gomer, Llandysul, Ceredigion.

I fy wyrion Steffan Teifi a Cerian Kitty,
ac er cof annwyl am fy ngwraig, Kitty (1952-1994)

Cynnwys

Cyn dachre yn y dachre ...

Ma'r ffaith eich bod chi'n darllen y llyfyr yma'n brawf 'mod i wedi gwireddu breuddwyd oes. Ro'dd sawl un wedi gweud wrtha i ar hyd y blynyddo'dd y dylen i fod yn sgrifennu llyfyr a fydde'n gasgliad o storis ac atgofion o weitho fel dyn tarw potel yng nghefen gwlad Ceredigion am yn agos i dri deg pump o flynyddo'dd. Wel, ma'r freuddwyd honno wedi dod yn wir fan hyn o'r diwedd.

Dwi'n cofio cwsmer a ffrind i fi, Andrew Jones, ffarm Felindre Uchaf, Cwm-ann ar bwys Llanbed, yn sôn wrtha i am stori fach o'dd sawl un yn 'i lico pan dda'th dynion tarw potel fel fi i fodoleth am y tro cynta. Ma'r stori'n enghraifft o naïfrwydd pobol cefen gwlad ar y pryd cyn deall yn iawn beth o'dd y dyn tarw potel yn neud. Ro'n nhw'n meddwl mai dyn yr AI o'dd yn neud gwaith y tarw 'i hunan, os y'ch chi'n deall beth sy 'da fi. Ma hon yn stori sy wedi mynd mas o ffasiwn erbyn hyn wrth gwrs, ond yr hyn ddwedodd un ffarmwr ar ôl i'r dyn AI gyrradd o'dd, 'Hongianwch eich cot ar y peg 'ma fan hyn, ac ma hoelen i'ch trowser chi tu ôl i'r drws!'

Ond dwi'n falch i weud nad dyna beth wy'n 'i neud. 'Sen i'n gorffod disgrifio wrthoch chi beth ma dyn tarw potel yn 'i neud, yna fe weden i wrthoch chi mai fi, siŵr o fod, yw tad sawl llo sydd i'w weld ar hyd caeau ledled Ceredigion – o Bontarfynach i ogledd sir Gaerfyrddin. Fi yw'r dyn ma ffermwyr yn 'i alw os odyn nhw am i'w gwartheg nhw ga'l llo bach os nad y'n nhw'n berchen ar darw. Fe fydda i'n cyrradd yn fy fan fach lliw arian wedyn, yn gwisgo clogyn hir a menig lliwgar ac yn hala'r rhan fwyaf o 'niwrnod wrth ben-ôl sawl buwch. Na, dyw e ddim yn swno'n glamyrys iawn i lawer o bobol, ond credwch chi fi, ma'r gwaith yn gallu bod yn dipyn o sbort.

Dwi wir yn gobeitho y daw llawer iawn o'r storis yn y llyfyr hwn â gwên i'ch wyneb chi. Ma'n nhw wedi neud i fi wherthin tipyn ar hyd y blynyddo'dd.

Dwi'n ddiolchgar iawn i Elinor Wyn Reynolds a Gwasg Gomer am y cyfle i fi ga'l rhoi fy atgofion ar gof a chadw, ac i Terwyn, fy mab, sy wedi gorffod gwrando ar orie o dapie ohona i'n adrodd y storis 'ma, a'u sgwennu nhw wedyn ar fy rhan i, fel bod y cyfan yn neud sens, gobeitho.

Diolch i chithe am brynu'r llyfyr. Dwi wedi joio ail-fyw'r atgofion unwaith 'to. Gobeitho nawr y newch chi joio 'u darllen nhw hefyd.

Aneurin Davies
Betws Bledrws

Fues inne ddim balchach erio'd fod y llyfyr hyn wedi gweld gole dydd yn y diwedd. Ma'i wedi cymryd rhyw dair blynedd i fi roi atgofion 'y nhad at 'i gilydd i gyd, ac ma pobol wedi bod yn holi am y llyfyr mewn siope ledled Ceredigion a sir Gaerfyrddin ers i Dad ddachre lapan wrth bobol 'i fod e am gyhoeddi'r llyfyr. Ro'dd e mor ecseited am y peth! Ac ar y pryd – do'dd dim byd wedi'i sgwennu. Dim gair! Dyna beth o'dd pwyse! Ond, ffiw! Nawr – dyma fe!

Ma'r profiad o sgwennu llyfyr wedi bod yn un newydd i fi, a do'n i ddim yn siŵr shwt ddelen ni i ben â hi. Ond dwi wedi mwynhau'r profiad mas draw. Ma fe wedi bod yn gyfrwng da iawn i fi ddysgu mwy am ffordd arbennig o fyw, ac i ddysgu mwy hefyd am ein hanes ni fel teulu. Ro'dd ymchwilio i hanes fy nghyndeidie'n ddiddorol iawn, ac ro'dd angen i fi lanw sawl bwlch achos do'dd Dad ddim yn gwbod rhyw lawer am hanes 'i deulu e. Wel do'dd hynny'n fawr o help i fi! Ma'r profiad hynny wedi'n annog i i fynd i whilo mwy am hanes ein teulu, ac i lenwi'r bylche ar ein coeden ache ni.

Un o'r pethe dwi 'di joio fwya yw sgwennu'r ddeialog wrth i Dad ail-fyw rhai o'r straeon yn ystod 'i gyfnod fel dyn tarw potel. Ma 'nyled i'n fawr i Emyr Llywelyn, fy athro Cymraeg yn Ysgol Gyfun Aberaeron, am y gwersi Cymraeg gwych, ac am fod yn gymaint o ysbrydoliaeth yn y gwersi hynny, gan fy annog i sgwennu darnau creadigol, ac am y gefnogaeth i fentro i'r cyfryngau.

Hoffen i ddiolch o galon hefyd i bawb sydd wedi cyfrannu mewn unrhyw fodd at gynnwys y llyfyr yma – maen nhw'n rhy niferus i'w henwi – ond yn enwedig i bawb sydd wedi rhannu atgofion, llunie neu wybodaeth ddefnyddiol am hanes yr ardal neu'r teulu gyda ni. Ma'r cyfan wedi cyfoethogi'r llyfyr yn y pen draw.

Diolch i Elinor ac i bawb yng Ngwasg Gomer am eu hamynedd yn aros i'r cyfan ddod yn barod gen i, ac am ymddiried yndda i i gofnodi atgofion fy nhad a chael y gyfrol hon at 'i gilydd.

Ond ma'r diolch pennaf, siŵr o fod, i 'nhad a mam am y fagwraeth wych ges i, ac am fy ngwneud y person ydw i heddi.

Mwynhewch y darllen …

Terwyn Davies
Caerfyrddin

I ddachre yn y dachre

Lle arbennig iawn yw Dyffryn Aeron, reit yng nghalon
Ceredigion. Ma'n llawn hanes a golygfeydd bendigedig, ac
ma'n fwyaf enwog am ddou beth siŵr o fod, y ffatri laeth
fuodd 'ma ar un adeg ac am y theatr fywiog – Theatr Felin-
fach – sy'n dal 'ma hyd heddi, ac sy'n dal i fod yn rhan bwysig
o 'mywyd i.

Fe dda'th Francis Aneurin Meurig Davies ('na chi lond
ceg) i'r byd yma ar y degfed o Ragfyr 1948, yn yr ysbyty yn
Aberystwyth, y plentyn canol o dri o fechgyn i Timothy
Melville Meurig Davies a Nellie Lucritia (Louie) Davies. Odyn,
ma enwe llond ceg yn gyffredin yn ein teulu ni. Ac ar gyrion
pentre Trefilan ger Tal-sarn yn Nyffryn Aeron y ces i 'magu.

Wrth i chi drafaelu mas o bentref Trefilan tuag at
Lanrhystud, fe ddechreuwch chi ddringo mynydd Trichrug
– ac mewn tŷ bach digon cyffredin o'r enw Cairo House ar
gornel y rhiw serth y treulies i flynyddo'dd cyntaf fy mywyd.
Ma Cairo'n enw rhyfedd i roi ar dŷ ag ystyried ein bod ni
filo'dd o filltiro'dd o wlad yr Aifft ac na welodd yr un ohonon
ni gamel yn agos at y lle. Ond tŷ'r ysgol leol o'dd Cairo House
ar un adeg, ac ma'n debyg i rywun o'r ysgol ymweld â Cairo
un tro, gan ddod 'nôl i Gymru a phenderfynu enwi'r tŷ ar ôl y
ddinas egsotig.

Merch i David Francis Herbert ac Esther Lloyd Davies
Herbert Plas Bach Cribyn yw Mam – Nellie Lucritia – neu

Louie Pen-lan i bawb sy'n 'i nabod hi. Ma Mam yn un o ddeuddeg o blant, er taw dim ond naw ohonyn nhw sy ar ôl erbyn hyn.

Magwyd 'y nhad, Melville, ym Mhen-lan, sef y ffarm agosa at Cairo House. Wedi i'w dad ynte farw pan o'n i'n rhyw bump oed fe symudon ni fel teulu – fi, fy rhieni, a fy nau frawd; Brinley sy' dair blynedd yn hŷn na fi, a Clive, y brawd ifanca – lan i Ben-lan am na alle Hannah, fy mam-gu, ymdopi â'r gwaith ffarm ar 'i phen 'i hunan.

Dwi ddim yn cofio llawer o 'nhad-cu. Yn drist iawn, y cof ola sy 'da fi ohono fe yw 'i weld e yn yr ysbyty yn Aberystwyth jyst cyn iddo fe farw. Ond ro'dd e'n dipyn o gymeriad yn yr ardal ma'n debyg. Ei enw fe o'dd David Davies – neu Dafydd Sbaddwr i bobol yr ardal. Ma'n rhyfedd, on'd yw hi, shwt ma cymeriade cefen gwlad yn ca'l 'u henwi naill ai ar ôl 'u cartre neu enw'r ffarm, neu'u henwi ar ôl 'u galwedigaeth, sef y gwaith maen nhw'n 'i neud bob dydd – fel Aneurin AI yn fy achos i! A dyna ddigwyddodd i Dad-cu, achos trafaelu rownd yr ardal yn sbaddu ceffyle ac anifeilied tebyg o'dd gwaith Dafydd Sbaddwr.

Ro'dd Dad-cu'n un o ddeg o blant, ac yn fab i John ac Ann Davies o Dŷ Becca, Bwlch-llan ym mhlwy Nantcwnlle. Gweitho gartre ar y ffarm gyda'i fam ar ôl i'w dad farw na'th e tan iddo gyrredd canol 'i ugeinie. Wedyn, a'th e mla'n i weitho am gyfnod ar ffarm Gelli Angharad, neu Lovesgrove, ger Aberystwyth, cyn derbyn swydd fel un o reolwyr ffarm coleg Pibwr-lwyd yng Nghaerfyrddin, a symudodd 'na gyda'i wraig Hannah, gan neud 'u cartre yn Nhŷ Coch, Pibwr-lwyd. O'dd e ddim wedi dod yn Dafydd Sbaddwr pryd 'ny. Yn 1927, daeth cyfle i David a Hannah brynu ffarm Pen-lan yn Nhrefilan, a symudodd y ddou 'nôl i Geredigion i ffarmo.

Ro'dd Dafydd Sbaddwr yn amlwg yn hoff iawn o'r ceffyl fel creadur achos bydde fe'n cadw rhyw saith neu wyth o gobie Cymreig ym Mhen-lan. Pan alwes i draw i ffarm Bear's Hill ym Mhen-uwch un tro, dwi'n cofio'r diweddar Brifardd John Roderick Rees – Jack i'w deulu a'i gydnabod – yn sôn wrtha i bod gan geffyle Dad-cu gysylltiad â cheffyle 'i deulu fe. Do'n i ddim yn cofio'n iawn ar y pryd beth o'dd y cysylltiad tan i fi ymchwilio ymhellach i'r peth. Ro'dd Jack a'i dad David yn dod o deulu enwog o fridwyr cobie. Seren cobie'r teulu hwnnw o'dd Brenin Gwalia un o'r cobie enwoca erio'd – enillodd e bron i bob cystadleuaeth, gan gynnwys pencampwriaeth y ceffylau gwryw yn y Roial Welsh yn 1947. Yn 1948 wedyn cafodd Brenin Gwalia wahoddiad i fynd i'w ddangos yn Sioe Ceffyl y Flwyddyn yn Llunden, ac fe sgrifennodd Jack gerdd enwog i gofnodi'r achlysur. Ar ôl holi Ifor Lloyd, Bridfa Derwen, Pennant am unrhyw gofnodion am y cobie a fridwyd gan Dad-cu ym Mhen-lan, fe dda'th i'r amlwg bod tad Ifor, sef Roscoe Lloyd, Derwen-fawr, Crug-y-bar, Llanwrda wedi prynu caseg gan Dad-cu ar un adeg a'i galw'n Derwen Black Bess. Ac yn fwy diddorol wedyn, fe ffindes i mas mai'r enwog Brenin Gwalia o'dd tad o leia dwy gaseg ro'dd Dad-cu wedi'u brido ar y ffarm – Pen-lan Duchess a Pen-lan Polly – sef mam Derwen Black Bess. Felly, dyna'n unig clêm tŵ ffêm i ym myd y ceffyle. Ond rhaid fi weud, ma'n siŵr bydde'r ffaith na na'th neb bara mla'n i fagu ceffyle yn ein teulu ni wedi bod yn siom i'r hen Dafydd Sbaddwr, druan.

Fe fydde Dafydd yn trafaelu tipyn o'r ardal er mwyn sbaddu ceffyle, ac er mor hoff o'dd e o'r hen geffyl, dyna'r creadur dda'th â'r cwbwl i ben iddo yn y diwedd. Cafodd gic gan geffyl ar ffarm un diwrnod, ac o achos cymhlethdode gyda'r anaf hwnnw, fe ddatblygodd ganser, ac fe fuodd farw ar 13 Ionawr 1953. Ro'dd e'n chwedeg saith oed. Wrth edrych 'nôl, ma'n drueni na ches i'r cyfle i ddod i'w nabod e'n well. Ma'n siŵr bo 'da fe lot o storis diddorol i weud. Ond dyna shwt ma bywyd, a diolch byth bo neb yn gwbod be sy o'u bla'n nhw.

Ro'dd gwraig Dafydd, sef fy mam-gu, Hannah Daniel, yn un o dri o blant John ac Ann Daniel o Frynmeurig, Gartheli ger Llwyn-y-groes. Gadawodd hi'r ysgol pan o'dd hi'n beder ar ddeg oed er mwyn mynd i Lanbed i ddysgu shwt i winio, cyn mynd yn wniadurwraig fydde'n reparo pob math o ddillad. Ar ôl marwolaeth Dad-cu, teimlodd Mam-gu y bydde cadw'r cobie Cymreig o'dd 'da nhw ym Mhen-lan yn mynd i fod yn ormod o waith iddi. Fe benderfynodd werthu'r ceffyle i'r teulu James, Tŷ-hen ar gyrion Beulah ger Castellnewydd Emlyn.

Ar ôl i Mam-gu a ni swopo cartrefi, fe fydde hi'n dod lan aton ni bob nos Fercher i wotsho'r reslo ar y teledu, achos bod dim telefision 'da hi yn Cairo House ar y pryd. Ro'dd hi wrth 'i bodd yn ca'l gweld y dynion a'r menwod whyslyd 'na'n colbo'i gilydd yn y cylch, ac fe fydde hi'n sgrechen ac yn gweiddi ar y sgrin ac yn wafo'i dyrne fel ffŵl os bydde hi'n anghytuno 'da unrhyw beth o'dd yn digwydd yn y ffeit! O'dd hi'n ddigon i godi ofan arnon ni.

Fe fuodd Mam-gu farw yn saithdeg oed yng Ngorffennaf 1967 ac ma hi wedi'i chladdu gyda Dad-cu ym mynwent Eglwys Sant Hilary, Trefilan.

Ro'dd ffatri laeth yn Felin-fach yn rhan ganolog o fywyd Dyffryn Aeron am flynyddoedd. Ro'dd yn gyflogwr pwysig yn yr ardal 'ma, ac ro'dd hi mor drist i weld y ffatri'n cau 'i dryse am y tro ola yn Ebrill 1988. Gwaith 'y nhad ar y pryd o'dd dreifo

lori laeth 'nôl a mla'n i'r ffatri. Bydde'r rhan fwya o ffermydd
Dyffryn Aeron yn ffermydd godro bryd hynny, a bydde'u llaeth
nhw'n mynd yn syth i Felin-fach. Ro'dd 'nhad wedi gorffod
gadel y ffarm i whilo am jobyn arall achos nad o'dd digon o
waith ffarmo i ddou ym Mhen-lan ar y pryd. Yn ddiweddarach
fe gafodd e waith fel un o'dd yn gwerthu bwyd anifeilied yn
ogystal ac fe fydde fe'n defnyddio lori a fan i garto pob math o
gynnyrch i ffermydd yr ardal, o fwyd ieir a moch i'r hyn fydde
fe'n 'i alw'n 'Cradles of Albion'. Enw cwmni o'dd yn cynhyrchu
cêc neu fwyd da godro o'dd Cradles of Albion. Fe fydde'r cwde
cêc yn dod lan ar y trên i Lanbed bryd 'ny, ac yna fe fydde'r
cwde'n dod ar lori lan i Ben-lan, lle bydde 'nhad yn 'u stoco nhw
lan yn barod i'w delifro nhw i'r ffermydd lleol.

Alla i gofio'r holl orie hales i gyda'r nos yn 'i gwmni fe
wrth i ni fynd rownd ffermydd yr ardal yn delifero'r bwydydd
hyd heddi, a bydden ni'n ca'l clonc fach 'da hwn a'r llall ar ein
rownds, sgyrsie diddorol â'r ffermwyr o'dd e wedi dod i'w
nabod nhw trwy'i waith yn casglu llaeth. Ro'n ni'n mynd lawr
mor bell â ffarm Allt-y-gog ym Maesycrugiau, sir Gaerfyrddin
ar y pryd hefyd. Dwi'n meddwl yn amal bo fi siŵr o fod wedi
dachre ca'l blas ar drafaelu rownd y ffermydd, yn ca'l sgwrs â
chymeriade gwahanol ers pan o'n i'n ifanc iawn. Ie, falle mai
fanna ddechreuodd y diléit ...

Gadawodd Mam yr ysgol pan o'dd hi'n beder ar ddeg oed
i fynd i weitho fel morwyn ar ffarm Tŷ Hen, Mydroilyn, cyn
symud i ardal Trefilan i weitho fel morwyn odro a morwyn tŷ
ar ffarm Penlan-las Isaf. Priododd â 'nhad yn 1946 a symud i
fyw i Cairo House. Penderfynodd newid jobyn yn 1956, pan
ddechreuodd weitho yn y gegin yn Ysgol Gynradd Trefilan. Hon
o'dd yr ysgol lle fues i a 'mrodyr yn mynd yn ddisgyblion hefyd,

ac ro'dd hi yno bob dydd yn rhannu'r bwyd ar gyfer cino'r plant. Do'dd Mam ddim yn gallu dreifo ar y pryd, felly ro'dd hi'n cerdded i'r gwaith yn ddyddiol – ac yn mynd lan a lawr y rhiw serth 'na i Drefilan fel milgi. Ac fe fuodd hi'n gweitho 'na tan iddi ymddeol yn 1990 ar ôl 34 o flynyddo'dd yn bwydo dege ar ddege o gege llwglyd plant yr ardal.

Alla i weud â'n llaw ar 'y nghalon bo fi ddim wedi lico'r ysgol, ddim un iot. Yn yr ysgol yn Nhrefilan, fydden i ddim yn rhoi lot o sylw i'r gwaith ysgol rhaid i fi weud. Fydde'n well o lawer 'da fi fod gartre ar y ffarm neu mas yn yr awyr iach. Do'dd hi ddim o rhyw help mowr chwaith bo fi ddim yn lico'n hathrawes ni ar y pryd, sef Miss Lisa Davies. Ac a gweud y gwir, sa i'n credu bod hi wedi'n lico i lot fowr chwaith!

Ar ôl i Dad-cu farw, do'dd dim rhaid i ni symud yn bell iawn o gwbwl, dim ond rhyw ddou can llath lan yr hewl i Ben-lan a gweud y gwir, ond ro'dd hyd yn oed symud pellter mor fach yn dal i fod yn dipyn o antur. Ac wrth gwrs ro'dd hyn yn golygu y bydde Mam-gu'n symud i fyw i Cairo tra'n bod ninne'n mynd lan i Ben-lan. Ro'dd hi'n fenter ecseiting, serch hynny, achos mai meibion ffarm fydde 'mrodyr a fi bellach, o'dd yn brofiad newydd i ni. Ro'n ni'n tri'n edrych mla'n yn fowr iawn.

Pen-lan a bywyd ar ffarm

Cyn i ni symud lan i Ben-lan, do'dd gyda ni fel plant ddim profiad o fywyd 'da lectric. Fe fydden ni'n defnyddio lampe Tilley yn Cairo er mwyn ffindo'n ffordd rownd y tŷ, ac i oleuo'r ford tra ro'n ni'n byta pryd. Fydden ni'n defnyddio canhwylle hefyd, a phryd 'ny do'dd dim bathrwm tu fewn gyda ni chwaith. Ro'dd y tŷ bach mas tu fas ar waelod yr ardd, fel o'dd yn gyffredin bryd 'ny – ac fe fydde'r dail riwbob yn yr ardd yn hynod ddefnyddiol pan fydde ise ymweld â'r toilet!

Pan symudon ni lan i Ben-lan wedyn, ro'dd lectric newydd ga'l 'i osod yn y ffarm, ac ro'dd hi'n grêt ca'l teledu lliw am y tro cynta. Ond os o'dd y teledu lliw yn brofiad newydd i ni – ro'dd byw ar ffarm yn sicr yn brofiad newydd! Ond ro'n i wrth 'y modd yn ca'l bod mas yng nghanol yr anifeilied. Er bod 'na dda ar y ffarm ym Mhen-lan y pryd 'ny, do'dd Mam-gu ddim yn gwerthu llaeth. A'th hi'n rhyw ddwy flynedd ar ôl i ni symud i'r ffarm cyn i 'nhad benderfynu dachre godro, ac ro'dd hyn yn golygu tipyn o waith i ni gyd fel teulu. Fe fydde pob un ohonon ni'n helpu mewn rhyw ffordd neu'i gilydd, gan gynnwys Mam. Hi o'dd y bòs ar y ffarm gan fod 'y nhad yn mynd i'r gwaith yn yr hufenfa am whech bob bore.

Dyma'r cyfnod cyn peirianne, sydd wedi neud y gwaith yn rhwyddach o lawer i ffarmwr heddi. Ond godro â llaw o'dd hi i ni bryd 'ny – a dyna beth fydde Mam, Brinley a finne'n 'i neud bob bore tra bod Clive, 'y mrawd ifanca, yn y tŷ'n paratoi

brecwast i bawb cyn iddo fe fynd i'r ysgol. Bob bore ar ôl bennu
godro fydde bowlen o Gorn Fflêcs ac wye wedi berwi yn aros
amdanon ni ar y ford fwyd. Ro'dd hyn yn system o'dd yn
gweitho'n eitha da.

Un o'r atgofion cynta sy 'da fi wedi symud i'r ffarm o'dd
cwrdd â'n cymdogion newydd, sef Roderick a Rosina Davies
o Lanwenog. Ro'dd y ddou newydd briodi ac wedi symud i
ffarmo i'r tyddyn nesaf at Ben-lan, sef Troed-y-rhiw, yn 1959.
Dwi'n cofio'r diwrnod cynta iddyn nhw gyrradd yno, a ninne
fel teulu'n mynd lawr i'w croesawu nhw. Erbyn heddi, lori gan
gwmnïe proffesiynol sydd fel arfer yn carto celfi i dŷ newydd
– ond hen dractor Ffyrgi fach a threilar y tu ôl iddo fuodd yn
cario dodrefn Rod a Rosie i'w cartre newydd nhw.

Dwi'n cofio un tro i Rod ga'l benthyg mashîn ysgwyd gwair
'da ni. Dda'th e lan i Ben-lan ar 'i dractor – ac es i 'nôl 'da fe i
Droed-y-rhiw ar y tractor, a'r mashîn tu ôl i ni. Ro'n i'n sefyll
yng nghefen y tractor, yn pwyso ar y *mud-guards* â'n nhra'd ar
yr hitsh. Wel, 'na beth o'dd trip! Ro'dd e'n coedo shwd gymint
ar 'i ffordd lawr y rhiw nes bod 'y nghorff i'n corco i gyd ar
y tractor, ac ro'n i'n dala mor sownd â 'nes i i unrhyw beth
erio'd! Falle o'dd hi'n daith fer ond ro'dd un nad anghofia i
byth.

Fe fydde Byron, brawd Rosie, a Lewis, brawd Rod, yn dod i
aros gyda nhw yn Nhroed-y-rhiw ar adege hefyd. Sai'n siŵr hyd
heddi shwt o'dd Rod a Rosie'n dod i ben â'r ddou pan o'n nhw'n
aros gyda nhw. Dwi'n cofio'r ddou'n whare yn y sied ffowls yno
un diwrnod. Aeth Lewis i edrych drwy'r twll bach yn nrws
y sied ffowls ac fe roddodd Byron 'i fys drwy'r twll nes pocro
Lewis yn 'i lygad. Wel 'na beth o'dd sŵn! Ro'dd y ddou wedyn
yn ymladd â'i gilydd yn y sied ffowls achos bod un wedi neud

dolur i'r llall. Ro'dd tipyn o le yno pan fydde Byron a Lewis yn cwmpo mas! O'n, ro'n i'n ca'l lot o sbort lawr yn Nhroed-y-rhiw 'da Rod a Rosie, ac fe fuodd y ddou'n gymdogion arbennig iawn i ni am flynyddo'dd lawer, tan iddyn nhw adel a symud i gartre a ffarm newydd yn 1963, sef Croesmaen ar gyrion Llanfihangel-ar-arth yn sir Gaerfyrddin.

Er bo fi'n byw ar ffarm, a joio bod mas 'da'r anifeilied, erbyn i fi gyrradd oedran ysgol uwchradd do'dd dim lot fowr o ddiddordeb mynd yn ffarmwr arna i. Pan es i'r ysgol uwchradd yn Aberaeron, ro'n i moyn bod yn blismon, fel sawl bachgen ifanc yr un oed â fi ar y pryd, siŵr o fod. Ond penderfynu pido dilyn y trywydd 'na wnes i yn y diwedd. Wedi'r cwbwl, ro'dd 'y ngwreiddie i'n y pridd yn ddwfwn, ac ro'n i'n ca'l cyfle i neud tamed bach o ffarmo yn yr ysgol hefyd. Ac yn 'y nghalon, ro'n i'n gwbod mai gweitho yn y byd ffarmo fydden i'n 'i neud yn y pen draw.

Ro'dd y diwrnod cynta hwnnw'n yr ysgol yn un nad anghofia i byth. Ro'n i'n ca'l teithio ar fws Crosville! Erbyn diwedd y cyfnod ysgol, mynd ar fws dou lawr ro'n ni, ac ro'dd hynny'n dipyn o brofiad ma'n rhaid i fi weud. Wel, o'n i ddim wedi gweld bws 'doubledecker' o'r bla'n, ac ro'n i wrth 'y modd yn ca'l trafaelu yr holl ffordd i Aberaeron yn hwnnw. Sôn am fyw yr *high life*!

Ond pan games i oddi ar y bws yn yr ysgol ar y diwrnod cynta 'ny, dwi'n cofio'r plant hŷn yn llusgo fi'n syth i'r *toilets* gan roi 'mhen i o dan y tap dŵr. Des i ddeall yn go glou wedyn bod *shenanigans* fel hyn yn digwydd mewn sawl ysgol dros y wlad – ond 'na beth o'dd sioc anferthol i grwt bach ifanc diniwed o Dal-sarn ar 'i ddiwrnod cynta yn yr ysgol 'fowr'.

Fe greodd un o'r athrawon, sef John Evans, dipyn o argraff arna i byth oddi ar y diwrnod cynta 'ny. Fe o'dd yn gyfrifol am y criw bach ohonon ni o'dd yn ca'l gwersi amaethyddiaeth yn yr ysgol. Fel rhan o'r gwersi, fe fydden ni'n ca'l dreifo tractor Ffyrgi fach wrth aredig y caeau ar bwys yr ysgol, ac fe fydden ni'r bois wrth ein bodde. Ro'dd gan yr ysgol braidd o ddefed hefyd, a bydde'n rhaid doso'r defed hynny o dro i dro fel rhan o'r gwersi. Ambell waith bydde John Evans yn aros amdana i a rhai o'r bois er'ill wrth i ni ddod oddi ar y bws ysgol yn y bore ac fe fydden ni'n gorffod mynd yn syth i weitho. Plannu bylbs daffodils o'dd y gwaith un tro, a gan bod tamed bach o ddrygioni yn perthyn i fi bryd 'ny (a thamed bach yn dal i fod ynddo i heddi hefyd yn ôl rhai, siŵr o fod), nethon ni blannu rhesi o'r bylbs 'da'u gwreiddie am lan. Do'dd y daffodils ddim yn dod cystel wedyn.

Y prifathro ar y pryd o'dd J. T. Owen, a dwi'n cofio hwnnw'n cerdded ar hyd y coridor un tro pan o'n i fod mewn gwers chwaraeon, ac yntau'n fy stopo i gan weud, 'Ble y'ch chi'n mynd, fachgen?' A dyma fi'n 'i ateb 'nôl yn ewn gan weud, 'I aredig a chasglu cerrig, syr.' Ac fe redes i off cyn iddo fe ga'l y cyfle i weud na neud dim byd arall – dwi'n siŵr nad o'dd e wedi disgwl hynny fel ateb. Ond na'th e ddim neud na gweud dim byd – falle achos bo fi wedi rhedeg off mor glou! Ond wir, ro'dd yn llawer gwell 'da fi fynd i aredig a chasglu cerrig o'r caeau hoci ar bwys y môr yn Aberaeron na mynd i unrhyw ddosbarth chwaraeon i whare rygbi neu ffwtbol. Ro'n i gwastad yn esgus wrth yr athrawon bod 'y mraich i neu 'y nghoes i'n dost.

Do'dd 'da fi ddim diddordeb o gwbwl mewn rygbi na ffwtbol, a dwi'n credu mai dim ond unwaith erio'd wnes i whare rygbi yn yr ysgol, a hyd yn oed bryd 'ny ro'dd 'da fi fwy

o ddiddordeb mewn whare gyda rhyw gi Labrador o'dd yn
digwydd mynd am wâc ar bwys y môr na whare ag unrhyw bêl
rygbi. 'Na ni, smo pawb yn lico'r un pethe, a diolch am hynny.

Ro'dd 'na griw grêt o ffrindie 'da fi yn yr ysgol. Ro'n i'n neud
lot 'da Tomi Pugh Parc-mawr, Ciliau Aeron, y diweddar David
Jones Dolbeudy, Felin-fach a Ceredig Davies, neu Ceredig y
Glo, o Temple Bar. Ma 'da fi gof am Tomi a Ceredig yn mynd i
ymladd ar iard yr ysgol ar y diwrnod cynta i gyd! Ro'n nhw'n
mynd yn benwan dim ond wrth weld 'i gilydd! Ac fe gafodd
y ddou'r gansen y diwrnod 'ny achos 'u bod nhw wedi bod yn
ymladd – 'na beth o'dd dachre da i fywyd ysgol! Ond ro'n i'n
euog o fod yng nghanol ambell i ffeit 'yn hunan, cofiwch. Dwi'n
hastu i weud ma beth o'n i'n 'i neud o'dd bwrw unrhyw un o'dd
yn bwlio rhywun arall. O'n i'n lico meddwl am 'yn hunan fel
rhyw fath o Batman, heb y clogyn, siŵr o fod. Ro'dd un crwt
yn pigo ar grwt arall ar yr iard un diwrnod, yn 'i bwsho fe
ambytu'r lle, ac es i lan at yr hen fwli a rhoi walop yn 'i lygad e.
Fe redodd e bant yn go glou. Ond ro'dd digon o wyneb 'da fe
i ddod lan ata i'r diwrnod wedyn, a gweud, 'Hei! Edrych be ti
wedi neud i'n llygad i! Ma hi wedi whyddo i gyd!'

'Os na watshi di mas,' medde fi 'nôl, 'fydd dy lygad arall di
'run peth!'

A 'na'r tro ola ges i unrhyw drafferth gyda hwnnw!

Ond ro'dd bod yn hîro'n bacffeiro arna i ambell waith,
cofiwch. Dwi'n cofio fi'n mynd i fwrw rhywun un tro, ond o'n i
ddim 'di anelu'n nwrn yn iawn ac fe fwres i'r wal yn lle hynny a
'na beth o'dd dolur go iawn!

Ma rhai o'r ffrindie o'dd 'da fi'n yr ysgol yn dal i fyw o fewn
'u milltir sgwâr, neu o fewn y sir, ta beth. Ma Tomi Pugh yn dal
ambytu'r lle yn ochre Dihewyd; ac ma Ceredig Davies, Ceredig

y Glo, yn dal i fyw ym mhentre Temple Bar ac wedi riteiro
erbyn hyn ar ôl oes o werthu a delifero glo.

Do, fe ges i lot o sbort yn yr ysgol, gan gynnwys cwrso
merched o Geinewydd, Cilcennin a Dihewyd mewn i dŷ gwair
yr ysgol amser cino, pan na fydden i'n trio dal defed! Ac os na
fydden i'n y tŷ gwair, fydden i 'da nhw tu ôl i ryw goeden fowr
ar dir yr ysgol. Ro'n ni'n lwcus iawn i ga'l coed mor fowr yn yr
ysgol, a na, do'dd canolbwyntio ar waith ysgol ddim yn bwysig
i fi bryd 'ny; ro'dd ca'l sbort yn llawer pwysicach. Os nad o'n i'n
lico rhyw bwnc neu'i gilydd, fydden i ddim yn troi lan i'r wers.
Dwi'n cofio rwbryd i fi beido â mynd i ryw wers benodol, ond
yn lle 'ny es i lawr i waelod yr ysgol lle ro'dd y dosbarthiade
arlunio. Fydden i'n neud rhyw wynebe comic drwy'r ffenest
er mwyn trial ca'l y plant yn y dosbarth i wherthin. A phan es
i un tro â rhyw laswelltyn hir a'i whare fe a'i shiglo fe mewn
trwy dwll clo drws y dosbarth er mwyn hala'r plant i wherthin
'to, dyma fi'n gweld y drws yn agor ac wrth i fi edrych lan,
dyna lle ro'dd yr athro arlunio – John Pots, fel o'n ni'n 'i alw
e – yn edrych lawr arna i yn grac iawn. Ac er bod y plant a fi yn
wherthin, do'dd e ddim. Ac fe na'th i fi sefyll yng nghornel 'i
ddosbarth e am weddill y wers fel cosb. Yr hen benbwl!

Ie'n wir, un peth wi'n sicr y galla i weud â'n llaw ar 'y
nghalon yw nad fi o'dd y disgybl mwya delfrydol i unrhyw
athro. Druan â nhw.

Pan o'n i yn fy arddege, bydde'r rhan fwya o ffermwyr yn
ein hardal ni'n tyfu'u cynnyrch 'u hunen. A bydde sawl un yn
tyfu llafur *mangelwurzels* neu mangls a swêds. Do'dd dim lot o
ffermwyr yn prynu bwydydd wedi'u paco'n barod mewn sache
yn y cyfnod, er mai cyflenwi bwydydd parod o'dd jobyn 'y
nhad, yn ddigon rhyfedd.

Ro'dd 'y nhad yn hoff iawn o foch, a dyna o'dd 'i ddiléit mowr e ar hyd ei oes. Fe ddechreuodd 'i ddiddordeb pan ga'th e gynnig i brynu tair hwch o ffarm Cwmbedw yng Nghwm-ann ger Llanbed. Ond godro o'dd yn dod â'r incwm penna i'r ffarm ar y dachre. Fe gynyddodd nifer y da ar y ffarm eitha tipyn, ac yna fe dda'th mashîns godro newydd i Ben-lan. Dwi'n cofio'r diwrnod 'ny fel tase fe heddi, pan gafodd y mashîns newydd 'u gosod – peirianne Surgemelot. Bydde belt yn ca'l 'i roi ar gefen y fuwch, a'r mashîn yn ca'l 'i roi oddi tani wedyn er mwyn dal y llaeth.

Alla i gofio un haf, do'n ni ddim wedi clymu'r gwartheg un diwrnod, er mwyn safio amser, siŵr o fod. Ro'dd y da wrth gwrs yn ca'l eu clymu yn y boudy er mwyn ca'l 'u godro. Ond y diwrnod hwnnw, fe dda'th 'na ryw greadur, aderyn neu rwbeth tebyg, mewn i'r boudy a distyrbo'r da, a dyma nhw'n ca'l shwd gymint o ofan nes 'u bod nhw'n mynd yn wyllt i gyd a rhedeg mas o'r boudy nerth carne 'u tra'd. Fe dasgodd y belts oddi ar 'u cefne nhw, ac ro'dd y llaeth yn llifo i lawr clos y ffarm fel afon wen â llif mowr cryf ynddi. Dyna beth o'dd golygfa! O'dd pawb yn tasgu a neb yn gwbod beth i neud, a llond y lle o laeth. Fe ddysgon ni wers ddrud ym Mhen-lan y diwrnod hwnnw, a'r wers honno o'dd y dylen ni glymu'r da cyn 'u godro nhw ... bob amser!

Bydde Brinley'n godro llawer iawn mwy o dda na fi, gan fod ganddo fe lawer mwy o ddiddordeb mewn ffarmo. Carthu â'r whilber yn y boudy fydden i'n neud fel arfer, a phobol er'ill yn rhoi jobs i fi neud pan fydde'r angen yn codi. Dwi'n cofio llanw'r whilber un tro hyd y top a'i phwsho hi mas i'r clos ac anelu at fynd lan ar hyd plancyn pren i'r domen. Ro'n i wedi'i llwytho hi â gormod o ddom, wrth gwrs, a do'dd 'da fi ddim digon o nerth

i gyrradd pen y domen, felly dyma fi'n cwmpo dros yr ochor a
lando dros fy welintons mewn dom da! Dyna beth o'dd golwg
… a drewdod! Ddysges i'r ffordd anodd am lwyth y gwas diog y
diwrnod 'ny.

Er y bydde Brinley a fi'n cyd-dynnu'n eitha da ar y cyfan, fe
fydden ni yn ca'l ffeit neu ddwy yng nghanol y da weithie, nes
bo ni'n dou'n lando lan yng nghanol y dom. Fe fwres i fe un
diwrnod nes bod 'i geg e'n waed i gyd, a do'dd e ddim yn hapus
iawn am hynny allwch chi fentro. Dwi'n siŵr iddo dalu'r pwyth
yn ôl i fi nes mla'n. Dwi'n meddwl mai'r broblem o'dd 'i fod e'n
trio bosan fi ambytu'r lle, a finne ddim ise ca'l meistr uwch 'y
mhen i o hyd, a 'na'r rheswm wedyn am y colbo, siŵr o fod.

Do'dd 'da Clive, y brawd ifanca, ddim diddordeb o gwbwl
mewn ffarmo, a jyst cystal mewn gwirionedd, achos bydde'r
tri ohonon ni wedi bod wrthi ar y ffarm. Gwaith harn o'dd
'i fywyd e, ac fe gydiodd y diddordeb hwnnw ynddo fe pan
o'dd e'n ifanc iawn. Ro'dd e wastad yn neud yn dda iawn
mewn gwaith metel pan o'dd e'n ddisgybl yn yr ysgol fowr
yn Aberaeron. Bydde fe'n hala orie yn y stafell *metalwork*,
ac fe fydde fe'n dod gartre'n amal â sawl pocer tân o'dd e
wedi'i neud. Pan adawodd e'r ysgol, fe gafodd e brentisieth
gyda Gwilym y Gof ym mhentre Tal-sarn, er mwyn iddo fe
fagu profiad yn y gwaith. Ac fe fuodd e gyda Gwilym am ryw
ddwy neu dair blynedd, yna gyda Jack Price, cyn mynd mla'n
i astudio ymhellach yn y coleg yn Henffordd er mwyn dysgu
shwt i bedoli ac i arbenigo mewn gwaith harn. Ar ôl bennu
yn y coleg fe dda'th e 'nôl i Gymru a cha'l y cyfle i ofalu am 'i
efail 'i hunan gydag Elias Owen ym mhentre bach Abermagwr
ger Aberystwyth. Ma 'i waith harn e i'w weld mewn sawl man
ledled Cymru bellach. Dwi'n cofio mynd gydag e i osod y gatie

i'r fynedfa yng Nghadeirlan Llandaf, Caerdydd ac os basiwch chi trwy dre Aberaeron rwbryd, yna gwaith Clive yw'r bracedi sy'n dal hen geilog y gwynt uwchben eglwys y dre. Ond fe allwch chi weld 'i waith e hefyd os byddwch chi byth yn pasio drwy Fachynlleth. Gwaith harn Clive yw Pont y Mileniwm sydd i'w gweld wrth i chi deithio mas o'r dre i'r gogledd tuag at Gorris.

Fe adawes i'r ysgol yn Aberaeron pan o'n i'n un ar bymtheg, a fues i ddim balched o fennu'n unman er mwyn dod gartre i weitho ar y ffarm. Ro'dd hi'n oes aur ar y byd ffarmo bryd hynny, dwi'n credu, o'i gymharu â fel ma hi heddi, ta beth.

Un o'r cyfnode mwya bisi ar y ffarm o'dd pan o'n i'n gorffod sgwaru'r dom da. Do'dd dim lot fowr o fashîns ar ffermydd bryd hynny, a dwi'n cofio'r cymeriad Jac Parcneuadd o bentre Ciliau Aeron yn dod i'r ffarm ar gefen 'i dractor David Brown a'r mycspredyr FY4 tu ôl. Fe fydde'r cymdogion lleol hefyd yn dod lan i roi help llaw gyda phicwarch yr un – cymeriade fel y diweddar Gareth Davies Sych-bant a Bertie Evans Penlan-las – bob un ohonyn nhw'n helpu i lwytho'r mycspredyr â dom, gan aros wedyn iddo fe ddod yn ôl i'r clos yn barod am lwyth arall.

Do'dd dim llawer o ffermwyr yn rhoi gwrtaith ar y tir yr adeg honno chwaith. *Basic slag* a chalch fydde'r rhan fwyaf o ffermwyr yn 'u rhoi ar y caeau, felly ro'dd modd cadw'r bilie'n reit isel.

Bydde'r rhan fwyaf o ffermwyr yn cynhyrchu gwair bryd hynny. Bydden ni'n torri'r gwair gan ddefnyddio'r Ffyrgi fach a *finger mower*. Ro'dd hwnnw'n fashîn o'dd yn sownd wrth far arbennig fydde'n symud wedyn rhwng sawl 'bys'. Bydde fe'n torri'n debyg i'r ffordd ma siswrn yn neud – a hynny wedyn o'dd yn torri'r gwair. Ro'dd neud gwair yn jobyn ara iawn, ond bydden ni'n cynhyrchu rhyw dair i beder mil o fêls bach. Ro'n ni'n ca'l tywydd gwell o lawer bryd hynny hefyd, gwell na'r tywydd gwlyb ry'n ni'n dueddol o'i ga'l heddi. Ro'dd hyn yn golygu'n bod ni'n gallu gadel y bêls mas ar y caeau am bythefnos neu fwy am na fydde hi'n bwrw llawer yn ystod yr hafe twym hynny. Ma'n rhyfedd shwt ma'r tywydd wedi newid erbyn heddi. Pan fydd pobol yn mynd ati i gynaeafu'r gwair y dyddie hyn, ma pawb yn hastu i ga'l y gwair i mewn i'r sied cyn gynted ag y gallan nhw, cyn i'r glaw ddod a'i sarnu!

Do'dd dim llawer o sôn am neb yn cynhyrchu silwair neu seilej bryd hynny. Dwi'n meddwl mai'r teulu Gee o blasty enwog Llanllŷr yn Nhal-sarn o'dd y cynta i ddechre neud seilej yn ein hardal ni, ac ro'dd pawb yn y dyffryn yn gwbod 'u bo nhw wrthi achos bod rhyw sŵn hymian uchel i'r peirianne. Ro'dd Llanllŷr yn lleiandy ar un adeg, a sgrifennwyd nofel hanesyddol am y lle, sef *Lleian Llan Llŷr* gan yr awdures Rhiannon Davies Jones am stori merch ifanc o dras bonheddig yn mynd yn lleian yn ystod canol y drydedd ganrif ar ddeg. Yma yn ddiweddarach bu'r diweddar John Hext Lewes, Arglwydd Raglaw y Sir, yn byw. Fe fydde'n croesawu'r teulu brenhinol i'r ardal pan o'n nhw dod i ymweld â Cheredigion. Heddi ma Llanllŷr yn fwyaf enwog am botelu dŵr ffynnon y ffarm a'i werthu i bob cwr o'r byd. Mae wedi rhoi Dyffryn Aeron a Thal-sarn ar y map.

Ro'dd pob un o'n cymdogion yn tyfu llafur a barlys bryd hynny, gan gynnwys ffermydd Sych-bant, Trefilan Cwrt, Talfan, Tŷ Mawr a ffarm Gwastod yn Abermeurig. Y gwaith mwya gyda chynaeafu'r llafur a'r barlys o'dd dyrnu. Stanley Black o ardal Temple Bar fydde'n dod â'i ddyrnwr aton ni, a Jack Werna yn dod a'i fêlyr, ac fe fydden ni wedyn yn gorffod mynd rownd

y ffermydd er'ill yn 'u tro i'w helpu nhw 'da'r gwaith caled 'ma.
Bydde'r gwaith yn para ryw bythefnos i gyd, ar ôl rowndo'r
ffermydd i gyd. Ro'dd 'na deimlad cymunedol clòs i'r math
yma o waith – gyda chriw da ohonon ni'n helpu'n gilydd – ac fe
fydden ni'n ca'l tipyn o hwyl yn neud y gwaith, a llawer iawn o
dynnu coes! Yr hyn o'n i'n gorffod 'i neud yn ystod y broses hon
o'dd torri'r *curds* uwchben y dyrnwr. Y *curds* fydden ni'n galw'r
darn o gordyn o'dd yn dal y sgube at 'i gilydd. Bydde lot fowr o
lygod yn ca'l 'u ffindo yng nghanol y llafur yn amal, ac fe fydde
rhai o'r gweithwyr wrth 'u bodd yn towlu llygod lan ata i ar ben
y dyrnwr er mwyn hala ofan arna i. Y jiawled!

Erbyn heddi, ma dyddie'r dyrnwr ar ben, ac ma'r combein
yn gyfrifol am neud yr holl waith hyn. Ma popeth gyment yn
haws nawr, ond alla i byth peido â hiraethu wrth feddwl bod yr
hwyl, y gwmnïeth a'r cymdeithasu yn ystod y cyfnod hwn wedi
diflannu gyda'r dyrnwr.

Un adeg gymdeithasol iawn yn y gymuned amaethyddol
bryd hynny hefyd o'dd y cyfnod tynnu tatw. Fe fydde nifer
fowr o ffermydd yr ardal yn tyfu tatw yn yr un cyfnod. Yn yr
hydref, sef adeg tynnu'r tatw o'r tir, fe fydden ni'n mynd rownd
ffermydd yr ardal 'to, ac fe fydde rhyw naw i ddeg o ffermwyr
yn dod at 'i gilydd i helpu 'da'r gwaith.

Tasg arall o'dd 'da fi o'dd codi *green crop* er mwyn ca'l tyfu
pys, swêds, moron a bîtrŵt, a beth dwi'n cofio'n benodol am
hyn o'dd nad o'n ni'n ca'l mynd i'r Roial Welsh yn Llanelwedd
nes i ni fennu singlo'r mangls i gyd. Pan fydd rhywun yn hau
hade mangls am y tro cynta, ma nhw'n ca'l 'u hau'n drwch 'da'i
gilydd. Y broses o'u singlo nhw yw gwahanu'r hade oddi wrth
'i gilydd, gan neud yn siŵr 'u bod nhw ryw beder modfedd ar
wahân, neu oni bai am 'ny fydde'r fanglen ddim yn ca'l lle i

dyfu'n ddigon o seis, dim ond rhes o fangls bach fydde 'da chi, a fydde hynny ddim yn neud y tro. Ma singlo mangls yn gallu bod yn hen jobyn llafurus iawn – ond yn jobyn pwysig iawn – a ro'n ni'n llwyddo i fennu cyn bod wthnos y sioe'n cyrradd. Ro'dd mynd i'r Roial Welsh yn wthnos bwysig i ni fel teulu – dyma o'dd ein trip blynyddol, ac roedden ni'n llwyddo i orffen cynaeafu'r gwair ryw wthnos cyn y Sioe Fawr fel arfer. Os nad o'n ni'n dod i ben bydde 'na siom ofnadw, achos aros gartre fydden ni'n gorffod neud i ddod â phopeth i fwcwl. Druan â ni, a phawb arall yn y show yn joio.

Ro'dd byw ar ffarm yn gallu bod yn ddanjerus hefyd, cofiwch. Ro'dd 'nhad a mam yn rhybuddio ni fois o hyd i beido â mynd yn rhy agos at rai o'r mashîns o'dd 'da ni ar y ffarm. Un o'r mashîns danjerus 'ny ym Mhen-lan o'dd y mashîn hithio. Gwaith hwnnw o'dd gwahanu'r hade oddi wrth y llafur, a ro'dd cogs mowr yn troi yn 'i berfedd e. A serch bo ni wedi ca'l digon o warnings i beido â thwtsh â'r peiriant, wnes i ddim gwrando, wrth gwrs. Es i droi un o'r cogie mowr, ac fe a'th 'y mys i'n sownd yn rhai o'r cogs y tu fewn! Wel 'na beth o'dd argyfwng! Ro'n i'n gwaedu i gyd, a 'mys i yn 'i hanner a bron â chwmpo off! O'n i'n gwbod bod ise help mowr arna i, ac fe fydde'n rhaid i fi fynd i'r ysbyty, siŵr o fod. Ond ro'dd ofan arna i gyfadde i bawb beth o'dd wedi digwydd i fi, yn enwedig i 'nhad a mam, achos o'n nhw wedi pregethu digon am yr hen fashîn hithio 'ma. 'Ma fi wedyn yn rhedeg mewn i'r tŷ i weud wrth bawb bo fi wedi ca'l dolur – wedes i wrthyn nhw mai cau 'mys mewn drws o'n i wedi neud. Dwi'n cofio cefnder i fy mam, Wyndham Morgan, sy bellach yn byw yn Llanfihangel-y-Creuddyn, yn mynd â fi'r holl ffordd lan i Fron-glais i ga'l trinieth ar 'y mys. Ro'dd yn rhaid i fi ga'l cwpwl o stitshys i ga'l y bys 'nôl i'w siâp,

a do'dd y doctoried ym Mron-glais ddim yn credu'r stori am
y drws o gwbwl! Rhaid bo fi'n meddwl 'u bo nhw'n dwp, 'sdim
dowt. Fe gynigodd Wyndham lot fowr o arian i fi weud y gwir
wrthyn nhw gartre hefyd am beth yn gwmws ddigwyddodd,
ond tan y dydd heddi, dyma'r tro cynta i fi weud wrth unrhyw
un am hanes y bys yn mynd yn sownd yn y mashîn hithio. Ac
es i ddim yn agos i'r hen beth byth wedyn!

Erbyn i fi adel yr ysgol yn Aberaeron pan o'n i'n un ar bymtheg
oed, ro'dd nifer y da godro a'r anifeilied er'ill wedi cynyddu
gartre ar y ffarm ym Mhen-lan, ac o achos hynny, ro'dd 'y nhad
wedi rhoi'r gore i'r gwaith o ddreifo'r lori.

Gan fod mwy o dda godro ar y ffarm erbyn hynny, dwi'n
cofio 'Nhad yn codi boudy newydd ar 'u cyfer – digon o le ar
gyfer deugen buwch i gyd. Gosodwyd *pipeline* newydd mewn
o'dd yn golygu y bydden ni'n gallu carthu gan ddefnyddio
tractor yn lle gorffod iwso'r rhofie fel o'n i wedi bod yn 'i neud.

Da'th tro ar fyd eto tua 1977 gyda diwedd ar yr hen *churns*
llaeth neu'r stwce llaeth wedyn a nhwythe wedi bod yn rhan
amlwg o fywyd cefen gwlad am ddegawde. Ro'dd yn rhaid i
ffermwyr fel ni fuddsoddi mewn tancie llaeth mowr, ac fe fydde
tancyr llaeth yn dod i'r ffarm yn amal i gasglu'r llaeth a'i gludo
fe 'nôl i'r ffatri.

Cynyddodd nifer y moch ar y ffarm 'da ni ym Mhen-lan
erbyn hyn hefyd, ac ro'dd yn rhaid codi adeilad pwrpasol ar
gyfer 35 o hychod. Y farchnad agosa i ni o'dd mart Felin-fach,
mart sydd bellach wedi dod i ben yn anffodus, ac yn y mart y
bydde'r Aeron Weaner Group yn cynnal sêl bob dydd Iau ar
gyfer ffermwyr moch yr ardal, ro'dd hyn 'to yn gyfle da i ddala
lan 'da'r niws a thynnu coes ambell un bob wthnos.

Er bod mart i ga'l yn Felin-fach, i dre Llanbed fydden ni'n gorffod mynd â'r lloi bach i'w gwerthu. Ro'dd y mart bryd hynny reit yng nghanol y dre. Ma canol y dre wedi newid cryn dipyn ers hynny. Siop fowr Sainsburys sydd ar hen safle'r mart anifeilied erbyn hyn. Ma'r datblygu a'r newid hyn yn debyg iawn i'r hyn sydd wedi digwydd mewn sawl ardal yn ystod y degawdau dwetha. *Progress is a good thing* medden nhw, ond sa i'n siŵr beth dwi'n meddwl am hynny, gall pob newid ddim bod yn dda bob tro, gall e?

David ac Esther Herbert, Plas Bach, Cribyn. Fy nhad-cu a mam-gu
ar ochor Mam.

Fy nhad-cu, yr enwog Dafydd
Sbaddwr.

Hannah Davies, sef mam-gu ar
ochor 'y nhad – gwraig Dafydd
Sbaddwr.

Y tri brawd: fi, Clive a Brinley.

Ysgol gynradd Trefilan yn 1951. Fi yw'r pedwerydd o'r chwith yn y rhes gefen. A sylwch ar y fan tu ôl i'r wal, Mam o'dd bia honna achos mai hi o'dd yn dosbarthu'r cino i'r plant yn yr ysgol.

Fi a Clive yn yr ysgol gynradd.

Yr Aneurin ifanc, golygus,
yn ysgol Aberaeron.

Fi a'r Morris 1000 ffyddlon, ma'r car 'na'n gwbod gormod.

Tannau Tawela o fla'n eglwys Silian – Susan, Kitty ac Ann.

Diwrnod ein priodas, 29 Mawrth 1975 yn eglwys Silian ger Llanbed.

Y fflat yn Aberdâr, 1 Dare Villas, ni o'dd ar y llawr canol.

Terwyn ar y trip bythgofiadwy hwnnw i Windsor Safari Park yn 1988. Ma'r Peugeot glas newydd sbon tu ôl iddo ond ma darne o'r car 'da'r babŵns o hyd.

Y teulu Davies yn camu 'nôl i'r gorffennol. Atgyfodwyd sioe a ffair pentre Talsarn tua diwedd yr wythdege a gofynnwyd i bawb wisgo lan mewn dillad o ganrif yn ôl.

Carnifal Felin-fach yn 1989. Delyth fel Miss Cambrian News a'r agosa dda'th Terwyn i ddilyn ôl tra'd 'i dad erio'd, Terwyn fel dyn AI.

Melville 'y nhad a Brinley 'mrawd yn ymuno yn yr hwyl yn sioe a ffair Tal-sarn.

Kitty yn Tyglyn Aeron, Ciliau
Aeron ym mis Mawrth 1994.

Y teulu gyda'i gilydd yn 1994: Terwyn, Kitty, fi a Delyth.

Mwynhau yng nghwmni'n
gilydd. Kitty a fi ar ein gwylie
yn Llunden.

Cerrig bedde Kitty, Heulwen fy chwaer-yng-nghyfraith, a 'nhad mewn rhes ym mynwent Trefilan.

Cyflwyno siec tuag at ymchwil canser i'r Dr Peter Barrett-Lee yn Ysbyty Felindre Caerdydd ar ôl i ni gynnal cymanfa ganu er cof am Kitty yn eglwys Sant Hilary Trefilan.

Clive 'y mrawd a'i wraig Margaret.

Carreg goffa i 'mrawd Clive yn Amlosgfa Aberystwyth.

Clive, Melville ('y nhad), Louie (Mam), Brinley a fi yn y Talbot, Tregaron,
wedi gwisgo'n smart ar gyfer priodas Brinley.

Tudalen fla'n y *Cambrian News* a
Louie Pen-lan yn stori fawr.

Llun o Mam – Louie Pen-lan.

Terwyn ar 'i ddiwrnod cynta'n cyflwyno *Ffermio* ar S4C.

Terwyn a Ceri 'i wraig.

Delyth a Teifi adeg ennill cystadleueth *Fferm Ffactor* yn 2010.

Llond côl o gariad, Cerian a Steffan gyda Dad-cu.

Cyn fy amser i, staff Canolfan Felin-fach ar y dechre'n deg yn 1962 mas yng Ngwesty'r Dragon, Abertawe.

Un o'r teirw'n mynd rownd y cylch yn y ganolfan yn Felin-fach; Gelli-deg sydd yn y cefndir.

Y fan gynta yng Nghanolfan Felin-fach, sylwch ar yr arwyddair ar yr ochor: 'Breed Better Cattle'.

Delme Vaughan, un o'r stocmyn ar y pryd, yng nghanolfan AI Felin-fach ac un o'r teirw.

Y diweddar Delme Vaughan, Ystrad Aeron – fe wedodd wrtha i am drial am job 'da'r AI yn y lle cynta.

Ffatri laeth Felin-fach o'r awyr. Ma'r Ganolfan AI yn rhan fla'n y llun a welwch chi'r cylch bach ar waelod y llun? Fanna o'n nhw'n cerdded y teirw.

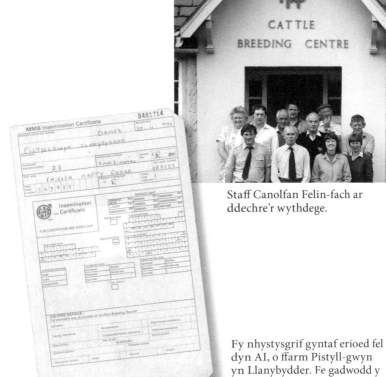

Staff Canolfan Felin-fach ar ddechre'r wythdege.

Fy nhystysgrif gyntaf erioed fel dyn AI, o ffarm Pistyll-gwyn yn Llanybydder. Fe gadwodd y ffarmwr Arwel Davies hi am yr holl flynyddo'dd.

Offi Phillips a Twm Davies Synod Inn mas yn dathlu ymddeoliad Ifan yr *head stockman*.

Neville Williams (ar y dde) yn cyflwyno hampyr bicnic i Evan Jones, neu Ifan y stocman, ar 'i ymddeoliad.

Neville yn cynnig llwncdestun i ni. Fel hyn o'dd hi slawer dydd yn y Ganolfan, switshfwrdd yn delio 'da'r galwade a'r cyfrifiadur mawr lletwhith yr olwg o'dd yn hynod ffansi ar y pryd.

Vaughan Morgan a Neville Williams adeg ymddeoliad Neville o Felin-fach.

Ceidrych Davies, ein rheolwr yng Nghaerfyrddin.
Gelech chi ddim gwell bòs.

Wedi pum mlynedd ar hugen o wasaneth, 'co fi'n derbyn rhodd gan gwmni
Genus.

Cwrdd â Sulwyn Thomas a Iola Wyn ar stondin y rhaglen *Ffermio* yn y Roial Welsh yn 2006.

Dysgu Shân Cothi i roi tarw i'r fuwch ar fferm Tŷ-llwyd, Llanbed ar gyfer y gyfres *Bro* ar S4C. Nele Shân fenyw AI go lew, whare teg.

Gwella fy hunan

Yn ogystal â bod gartre'n gweitho ar y ffarm, fe benderfynes
i hefyd fynd i astudio yn y Ganolfan Addysg Bellach yn
Felin-fach, a'r Coleg Amaeth yn y Gelli Aur, ger Llandeilo.
Fe fydde hyn yn golygu mynd am ddiwrnod yr wthnos am
beder blynedd i astudio cyrsie City and Guilds mewn Animal
Husbandry (Stage 1 a 2) a Crop Husbandry (Stage 1 a 2); Farm
Management a Farm Machinery a Farm Records and Accounts.
Ro'dd 'na ddarlithwyr cofiadwy iawn yno ar y pryd – ac fe
ddysges i lawer iawn gan athrawon fel Idris Davies, Glan Evans,
D. G. M. Thomas a David Cameron (ie'n wir i chi, dyna'i enw
e!) fydde'n arbenigo ar y peirianne. Ar ddiwedd yr holl gyrsie
hyn i gyd ro'dd *proficiency tests* – ac fe fydden ni'n ca'l profion
ar ein sgilie godro, hongian gatie, plygu perthi, aredig, cneifo a
digorno lloi bach.

Os o'n ni'n paso'r profion i gyd, fe fydden ni'n ca'l bathodyn
aur, ac ro'dd ca'l un o'r rheiny'n bwysig iawn bryd 'ny. Fe fuodd
y bathodynne aur 'na o help mowr i fi wrth fynd i whilo am job
mewn rhai blynyddo'dd wedyn.

Ro'dd mudiad y ffermwyr ifanc yn 'i anterth pan o'n i'n fy
arddege. CFFI Felin-fach o'dd y clwb agosa aton ni yn Nhal-
sarn, ac fe fydde Brinley a finne wrth ein bodde'n ca'l mynd yno
i gymdeithasu a cha'l 'bach o sbort. Fe fydde'r diweddar Gareth
Davies, Sych-bant yn galw heibio i roi lifft i ni ambell waith, neu

ar adege er'ill fe fydden ni'n mynd ar gefen ein beics yno. Do'dd
hi ddim yn daith bell i gyd ac ro'dd hi'n daith hyfryd ar noson
braf o haf.

Ro'n i'n joio'n arw ca'l mynd i'r clwb – ac yno fe ddes yn
ffrindie 'da'r brodyr Dilwyn ac Eurfyl Jones, Fron-goch, Bwlch-
y-llan – ac fe fydden nhw'n dod yno yng nghwmni Gwynfil
Jones, Bwlch, Bwlch-y-llan. Fe fydden i'n 'u gweld nhw 'na bob
nos Lun achos dyna pryd fydden ni'n cwrdd yn y neuadd yn
Felin-fach. Ro'dd y cyfleoedd ges i drwy fod yn aelod o Fudiad
y Ffermwyr Ifanc yn rhai gwerthfawr iawn, ges i gyment
mwy 'nôl o'r clwb na roies i mewn erio'd. Ro'n i'n ca'l y cyfle i
ymwneud â chystadlaethe fel barnu da godro, barnu da tew a
siarad cyhoeddus hefyd. Ces fy ethol hefyd yn is-gadeirydd y
clwb ymhen sbel, ac yna'n gadeirydd yn y pen draw, ac ro'dd
hynny'n dipyn o fraint i fi.

Fe fydde 'na ddigon o gyfle i gystadlu mewn pob math o
bethe o fewn y mudiad yn ogystal â chyfle i gymdeithasu. Dwi'n
cofio mynd i ddanso mewn cystadleueth yn y Roial Welsh
rwbryd – sa i'n cofio a enillon ni neu beido, ond dwi yn cofio
gelon ni hwyl ofnadw. Ma'n rhaid gweud bo fi'n lico neud tipyn
bach o ddanso ar y pryd achos o'n i'n mynd yn eitha amal i
dwmpathe dawns o'dd yn ca'l 'u cynnal yn yr ardal. Ro'dd na
ryw whech neu saith ohonon ni yn y grŵp danso a dwi'n cofio i
ni fynd i ddanso ryw dro yn Sioe Caerfyrddin, a dwi'n siŵr bo
ni wedi ennill y gystadleuaeth ddanso yn y sioe honno. Ro'dd
e'n gyfle da yn fwy na dim i ni ga'l 'bach o sbort 'da'n gilydd.
Ro'dd aelode o glwb Felin-fach yn cystadlu ar y canu hefyd; yn
wir dwi'n cofio un tro i ni ga'l mynd i ganu draw i Malvern hyd
yn oed. Ro'dd hon yn gystadleuaeth genedlaethol gan Fudiad
y Ffermwyr Ifanc. Os o'ch chi'n ennill y gystadleuaeth sirol a

chenedlaethol, yna fyddech chi'n ca'l mynd mla'n i'r rownd
nesa, sef un genedlaethol Prydain. Dwi'n cofio i griw bach
ohonon ni fynd draw i Malvern. 'Moliannwn' o'n i'n canu ac fe
aethon ni lawr yn eitha da os cofia i. Ma'n siŵr fydden i'n cofio
'se ni wedi ennill – ond fe joion ni 'run peth. Ond ro'dd 'da ni
grŵp pop o'dd yn canu ar yr un noson hefyd, gan bo ni wedi
ennill y gystadleuaeth sirol yng Ngheredigion 'to. Enw'n grŵp
ni o'dd Bois y Felin, ac ro'dd tri ohonon ni'n rhan o'r grŵp –
Tim Davies, o Garej Ystrad Aeron erbyn hyn, y diweddar Edwin
Davies, Tynewydd, Brynog ar y gitâr a finne'n canu. Ro'n i'n
canu yn Gymra'g unwaith 'to ond digwyddiad bo ni wedi ennill
'to, neu fydden ni wedi para'n hirach fel triawd tyse hynny'n
wir!

Do, fe gelon ni dipyn o hwyl fel aelode o Glwb Ffermwyr
Ifanc Felin-fach bryd 'ny, ond ma'r mudiad wedi newid tipyn
ers hynny. Ro'dd natur ac elfenne cymdeithasol y clwb yn dra
gwahanol i'r hyn yw e heddi. Dwi ddim yn meddwl o'dd 'na neb
yn smoco yn ein clwb ni ar y pryd, ac yn bendant do'dd neb yn
mynd i'r tŷ tafarn ar ôl y cyfarfodydd fel ma'n nhw heddi. Ond
heb fod yn aelod o'r mudiad arbennig hwn, fydden i ddim wedi
ca'l hanner y cyfleoedd ges i fwy na thebyg. Ac fe fydden i'n
annog unrhyw un sy'n ca'l y cyfle byth i ymuno â'r CFFI i neud
hynny'n glou. Sai'n credu bydden nhw'n difaru.

Ro'dd y cyfnod pan ddes i'n aelod o'r ffermwyr ifanc
yn gofiadwy iawn i fi am sawl rheswm. Dyma'r cyfnod pan
ddechreues i ddysgu dreifo car ac ro'dd 'da fi hen Morris 1000
bach. Ro'dd dachre dysgu dreifo'n dipyn o antur, a finne'n
neud mistêcs rhyfedda wrth ddysgu ac yn dreifo fel rhywun
hanner call a dwl weithie. Yn anffodus, fe ffaeles i'r test y tro
cynta rownd. Ro'n i'n trial y test yn nhre Llanbed ac ro'n i wedi

llwyddo i barco'r car rhwng dou gar arall. Pan es i ddachre'r car
'to er mwyn cario mla'n â'r test, o'dd y car yn pallu starto, achos
'i fod e wedi stico'n gêr. Ro'dd yn rhaid i fi drial rhoi'r car 'nôl
yn rifyrs, ond lwyddes i ddim i neud 'ny ac o'r herwydd fe ffaeles
i achos bo fi ddim wedi gallu ca'l y car 'nôl mewn gêr. Ma'r
pethe 'ma'n digwydd. Ond fe dries i'r test 'to ar ôl tamed bach
ac fe bases i ar yr eildro a da'th bywyd dipyn yn rhwyddach i fi
a 'nhad a mam ar ôl i fi baso, achos ro'dd yn rhoi'r rhyddid i fi
fynd a dod pryd o'n i moyn a mynd i ble bynnag licen i. Do'dd
dim rhaid i fi ga'l lifft gan gymdogion a ffrindie o hynny mla'n
ac a'th fy hen ffrind ffyddlon, y beic, yn segur druan. Ro'n i'n
cloi'r car bob dydd Sadwrn er mwyn neud yn siŵr mai dim ond
fi o'dd yn ca'l 'i ddefnyddio fe. Gorffod i Brinley brynu car 'i
hunan yn y diwedd!

Da'th yr hen Forris 1000 a fi'n dipyn o bartners. Fe dda'th
e'n gar bach ffyddlon iawn. Car llwyd o'dd e a'i rif o'dd
LBX 866. Dwi'n cofio Aeron Jenkins, Pentrefelin, Tal-sarn yn
dod mas 'da fi am wâc yn y car ar benwthnos, a finne'n gwasgu
ar y sbardun, yn mynd fflat owt rownd y troeon yn Llangeitho
ar bron i ddwy whîl! Ryw noson arall, fe ballodd y weipers
weitho a dwi'n cofio Aeron yn rhoi 'i freichie mas o'r car er
mwyn trial whare â'r weipars i'w ca'l nhw i symud 'to. Ro'dd
Brinley'n ca'l dreifo 'nghar i nawr ac yn y man hefyd, cofiwch,
o'n i ddim yn frawd hollol galon galed. Dwi'n cofio rhyw nos
Sadwrn, ro'dd Brinley'n dreifo a finne a dou ffrind i ni – Glyn
a Gareth Davies o ffarm Lloyd Jack, Felin-fach – yn y cefen yn
mynd am wâc yn y car, lan tua pentre Dihewyd. Ro'dd hi tua un
ar ddeg o'r gloch y nos, siŵr o fod, a benderfynon ni fynd â'r car
i lawr lôn rhyw ffarm, gan gofio towlu clytsen o bridd dros rhif
y car i ddachre. Wel, do'n ni ddim ise i neb ein nabod ni! Ar ôl

cyrra'dd clos y ffarm, dyma Brinley'n dechre raspo'r car rownd
y clos ond sgrialodd y car ar ddarn o las neu batshyn o borfa, ac
fe ddechreuodd y car sbino nes ro'n ni'n dachre mynd yn sownd
a chlyts o borfa yn tasgu tu ôl i'r car! Ar ôl sbino am 'bach,
ro'dd y car yn dachre neud tipyn o sŵn. Yn sydyn iawn, dyma
Glyn yn gweld gole yn un o'r stafelloedd yn llofft y tŷ, a dyma
fe'n gweiddi, 'Gwasg arni glou! Ma'r fenyw yn ffenest!' Do'n
ni fel bechgyn ifanc ddim ise ca'l ein dal, felly dyma Brinley'n
gwasgu arni a throi'r *steering wheel* nes bod whîls y car yn dod
yn rhydd o'r glas, a bant â ni fel cath i gythrel mas drwy'r clos
cyn bod gwraig y ffarm yn gallu'n nabod ni. Ac ar ben y cwbwl,
gan bo ni'n llawn melltith y noson honno, dyma fi'n cydio yn
arwydd y ffarm o'dd ar ben y lôn, a'i dowlu dros ben clawdd!
A bant aethon ni am gartre cyn gyflymed ag y gallen ni fynd.
Tase'r hen Forris 1000 yn gallu siarad, fydde 'dag e ddigon o
storis i lanw llyfyr 'i hunan, siŵr o fod.

Digwyddodd rhwbeth cofiadwy arall i fi yn ystod 'y
nghyfnod i fel aelod o'r ffermwyr ifanc. Ro'dd y mudiad yn lle
da i gwrdd â ffrindie newydd, ac wedi bod yn *marriage bureau*
effeithiol i nifer o gyple ar hyd y blynyddo'dd hefyd. Ac fe alla
i'n hunan dystio i hynny, achos dyna o'dd fy hanes inne.

Fe fydde 'soshals' y clybie gwahanol yn boblogedd iawn bryd
'ny – rhyw nosweithie cymdeithasol o'n nhw lle bydde dou glwb
yn dod at 'i gilydd i joio a chymdeithasu. Un nosweth yn 1968
fe a'th clwb Felin-fach ar wahoddiad gan glwb Silian i 'soshal'
yn yr ysgol yn Silian, pentre bach rhwng Llanbed a Felin-fach.
Erbyn heddi ma'r ysgol honno, fel nifer o ysgolion bach er'ill
yng nghefen gwlad, wedi cau.

Ond digwydd bod, ro'dd y noson arbennig honno'n un
sbeshal iawn i fi gan mai ar y noson hon y cwrddes es i â

merch ifanc bengoch, brydferth o Silian. Ei henw o'dd Kitty
ac ro'dd hi'n ferch i Aaron a Bet Lewis, Tyn-fron, Silian.
Ro'dd ganddi wallt hir coch, prydferth, gwên a chwerthiniad
iach a phersonolieth arbennig iawn. Hon o'dd yr un, do'dd dim
dowt.

Kitty

Ro'dd Kitty yn un o sêr pop Cymru ar y pryd, gan 'i bod hi'n aelod o'r grŵp gwerin, Tannau Tawela. Aelode er'ill y grŵp o'dd y chwiorydd Ann a Susan Jones o ffarm Gelligwennin, Silian ac ro'dd y tair wedi ffurfio yn ystod 'u cyfnod yn y ffermwyr ifanc. Ro'n nhw'n ca'l 'u galw i ganu mewn cyngherdde dros Gymru gyfan bryd 'ny, a'r digrifwr Idris Charles o'dd rheolwr y grŵp.

Fel arfer, bydden nhw'n canu ar nos Fercher, nos Wener a dydd Sadwrn, ond ambell waith fe fydden nhw'n gorffod canu ar ddydd Sul, yn enwedig pan fydden nhw'n ca'l gwahoddiad i ganu yn y Majestic yng Nghaernarfon neu draw yng Nghonwy. Fe gawson nhw gyfle i rannu llwyfan gyda chantorion er'ill, gan gynnwys enwogion fel Tony ac Aloma. Dyddie da o'dd rheiny.

Ro'n nhw'n un o'r grwpie fuodd yn canu yn ystod yr Arwisgiad yng Nghaernarfon yn 1969 ac fe gawson nhw'r cyfle hefyd i ymddangos ar raglenni teledu fel *Disg a Dawn, 04 05 ac Ati* a *Trên o Gân*. Buodd Idris Charles yn gefen mowr iddyn nhw, yn rhoi cyfleoedd iddyn nhw na fydden nhw wedi'u ca'l fel arall. Idris fuodd yn gyfrifol am ga'l cytundeb recordo i'r Tannau gyda chwmni Cambrian o Bontardawe, ac fe ryddhaon nhw EP yn 1969. Ro'dd y grŵp am fod yn enwog.

Fe ffurfiodd Tannau Tawela yn ystod amser cyffrous iawn i ganu pop Cymra'g ar ddiwedd y chwedege, ac ro'dd lot fowr o grwpie er'ill yn perfformo ar hyd a lled Cymru yn yr un cyfnod. Ro'dd Ysgol Gyfun Llanbedr Pont Steffan yn gyfrifol am sawl

un o'r grwpie hynny, gan gynnwys Tannau Tawela. Ro'dd y
Tlysau yn canu ar yr un adeg, a Merched Gwennog yn grŵp
poblogaidd hefyd, heb anghofio y Perlau wrth gwrs, sef y grŵp
fuodd Rosalind Lloyd yn rhan ohono fe. A'th Rosalind mla'n
i fod yn un hanner o'r ddeuawd enwog Rosalind a Myrddin
gyda'i gŵr Myrddin Owen, o'dd hefyd yn canu gyda Hogia'r
Wyddfa. Dyma gyfnod lle'r o'dd cynnwrf a llawer yn digwydd
ym myd adloniant poblogaidd, ac ro'dd Kitty yng nghanol hyn i
gyd.

Ar yr un adeg, dechreuodd rhywun o'r enw Doreen Davies
ar 'i gyrfa ganu hithe hefyd. Da'th Doreen yn enwog trwy
Gymru fel Doreen Lewis, Brenhines Canu Gwlad Cymru wrth
gwrs. Fe fuodd Doreen yn caru â 'nghefnder cynta, John, am
flynyddo'dd lawer, ac fe briododd y ddou yn y pen draw. Wedi
cyfnod yn byw yn Aberaeron, ma'n nhw wedi setlo bellach
ar ffarm Ffos-dwn yn Nihewyd, ger Llanbed. Ma merch John
a Doreen, Caryl, yn enwog ledled Cymru am 'i nofel bwerus
Martha, Jac a Sianco. Sgwn i pam ma'n nhw'n gweud bod pawb
yng nghefen gwlad yn perthyn?

Pan dda'th hi'n amser i Kitty adel yr ysgol, ro'n ni'n dou'n
caru'n sownd. Ond da'th hi'n amser iddi adel am y coleg a da'th
cyfnod Tannau Tawela i ben hefyd. Dwi'n cofio iddi sôn yn
amal iawn am flynyddo'dd ar ôl hynny bod y cyfnod hwnnw'n
gyfnod ro'dd hi'n 'i drysori'n fowr. Ro'dd y profiade ga'th hi
wedi bod yn rhai bythgofiadwy iddi hi ac i weddill aelodau
Tannau Tawela.

Ro'dd meddwl Kitty ar fynd yn athrawes, ac fe
benderfynodd ddilyn cwrs tair blynedd mewn Gwyddor Tŷ yn
y coleg yn Llandaf. Erbyn y Nadolig y flwyddyn 'ny, ro'n ni'n

dou wedi dyweddïo ac yn hapus iawn ein byd. Ro'dd hi'n dipyn o daith i fynd o Dal-sarn i Gaerdydd i'w gweld hi – fe fydden i'n mynd yn amal iawn – ond fe ddes i i adnabod y brifddinas yn reit dda erbyn iddi raddio dair blynedd yn ddiweddarach.

Aeth hi mla'n wedyn i ddilyn cwrs ymarfer dysgu, gan arbenigo mewn gwaith llaw yn benodol, ac er mwyn neud y teithio'n rhwyddach i ni'n dou fe benderfynon ni ar ddyddiad ein priodas, sef 29 Mawrth 1975.

Buodd Kitty'n ddigon lwcus i ga'l swydd ddysgu yn Ysgol Gyfun y Gadlys yn Aberdâr, felly ro'dd 'da fi benderfyniad anodd iawn i'w neud o ran ble o'n i ise byw. Fe fues i'n siarad dipyn gyda 'nhad a mam a da'th hi'n amlwg wedi trafod na fydde digon o waith i gyflogi tri ar y ffarm ym Mhen-lan beth bynnag. Do'dd dim dewis 'da fi felly ond gadel y ffarm a'n ardal enedigol, a mentro lawr i Aberdâr er mwyn whilo am waith i allu bod gyda Kitty. Do'n i ddim wedi bod o gartre ryw lot fowr o'r bla'n, ac fe fydde symud o dawelwch cefen gwlad Dyffryn Aeron i ganol tre ddiwydiannol fisi fel Aberdâr yn dipyn o sioc i fi. Ond fe fydde hynny hefyd yn beth cyffrous, felly teimlade cymysg o'dd 'da fi am y symud, a ro'dd y ffaith bo fi wedi bod yn y coleg yn Felin-fach am gyfnod ac yng ngholeg Gelli Aur erbyn hyn wedi bod o help i fi ac o'n i'n barod i fynd.

Am y tro cynta erio'd, fe fydde'n rhaid i Kitty a finne whilo am dŷ fel bod to gyda ni uwch ein penne yn Aberdâr. Fe gelon ni afel ar le i'w rentu yn 1 Dare Villas – ar bwys Eglwys Sant Ioan yng nghanol y dre a ddim yn bell iawn o Ysgol y Gadlys lle bydde Kitty'n dysgu. Felly ro'dd hynny'n un gofid yn llai i ni ar ôl symud i lawr i ardal ddierth. Ond do'dd dim gwaith 'da fi o hyd, hyd nes bod Kitty'n gweld hysbyseb un diwrnod yn yr *Aberdare Leader*. Hysbyseb o'dd hi gan Gyngor

Morgannwg Ganol am swydd Pennaeth Gofalu Tir yn Ysgol
Gyfun Aberpennar neu Mountain Ash fel o'dd y bobol leol
yn galw'r lle. O gofio 'nghefndir i, ro'n i'n teimlo ar y pryd y
bydde'r swydd 'ma'n siwto fi i'r dim – felly dyma fynd amdani.
Fe es i'r cyfweliad yn swyddfa'r Cyngor yn Aberdâr gyda'r holl
dystysgrife City and Guilds ro'n i wedi'u hennill yn Felin-fach
a Gelli Aur o dan 'y nghesel. Do'n i ddim am gymryd unrhyw
tshansys. Wel, ro'dd mynd i'r cyfweliad yn dipyn o brofiad.
Do'n i ddim yn nabod neb 'na, ac ro'dd y ffaith fod y cwbwl
yn ca'l 'i neud yn Saesneg, gan gynnwys y cyfweliad 'i hunan,
yn rhyfedd iawn i fi. 'Nôl yn Nyffryn Aeron ro'n i wedi arfer â
phawb bron yn siarad Cymra'g â'i gilydd, ac yn byw 'u bywyde
drwy gyfrwng y Gymra'g; ond fan hyn, ro'dd pethe dipyn yn
wahanol.

Beth bynnag, fe ddes i mas o'r cyfweliad yn eitha hapus 'mod
i wedi neud 'y ngore, ac o fewn tridie dyma fi'n clywed bo fi
wedi ca'l y job.

Priodi

Ar ddiwedd mis Mawrth 1975, fe briododd Kitty a finne. Ro'dd hi wedi bwrw eira y noson gynt, ac ro'dd trwch o eira ar lawr. Dwi'n cofio Aeron Pentrefelin, o'dd wedi ca'l y profiad o ddreifo rownd 'da fi yn y Morris 1000 i bobman, nawr yn ca'l y cyfle i 'nreifo i a 'ngwas priodas, sef 'y nghefnder, John Lewis, drw'r eira yr holl ffordd i'r eglwys yn Silian lle ro'dd Kitty a fi am briodi. Ro'dd pawb wedi ecseito'n lân ac fe ychwanegodd yr eira gyment at y diwrnod rhyfeddol hwnnw. Ro'dd yn teimlo fel 'se pobman yn llawn hud a lledrith. Dyna beth o'dd diwrnod cofiadwy a diwrnod gore 'mywyd i hefyd.

Ar ôl bod ar wthnos o fis mêl yng ngogledd Cymru, fe dda'th Kitty a fi gartre, ac ro'dd hi'n bryd symud i Aberdâr yn barhaol er mwyn dachre ar ein bywyd priodasol 'da'n gilydd, a hefyd i ddachre ar ein swyddi newydd ni ar y bore dydd Llun wedyn. Am newid byd!

Dwi'n cofio'r diwrnod gwaith cynta'n iawn. Ro'dd hi'n dipyn o sioc. Yn lle bo fi'n gorffod codi'n cynnar i odro da, a'u clywed nhw'n brefu ar y clos cyn bod y dydd yn gwawrio, ro'n i'n dihuno i sŵn traffig yn y dre lu fas. Ac ro'dd hynny'n beth rhyfedd iawn i foi bach o'r wlad ar y dachre.

Ro'dd dros ddwy fil o ddisgyblion yn mynd i Ysgol Gyfun Aberpennar yn y cyfnod hwnnw. Llawer mwy nag o'dd yn mynd i Ysgol Gyfun Aberaeron pan o'n i'n ddisgybl yno. Yn yr ysgol hon, yr hyn drawodd fi'n syth am y lle o'dd na fydden i byth yn clywed y Gymra'g yn ca'l 'i siarad fel o'n i'n 'i chlywed hi yn Aberaeron, ac ro'n i'n teimlo'r golled honno'n fowr.

Ar y bore cynta 'ny, fe gwrddes i â'r gweithwyr y bydden i'n gyfrifol amdanyn nhw yn fy jobyn newydd – dou ofalwr tir ac un garddwr – yr hyn o'dd yn gomic i fi o'dd, er mai fi o'dd y bòs, mai *nhw* o'dd yn gorffod gweud wrtha *i* ble ro'dd popeth ar y diwrnod cynta 'ny gan bod y cwbwl yn newydd i fi. Ond ro'n i yn gwbod tipyn am dractors – a rhai Ford yn arbennig, ac ro'dd un o'r rheiny ar ga'l yno, yn ogystal â *sit-on mower* – felly, ro'n i'n teimlo tamed bach yn well o'u gweld nhw, wir.

Er bo fi wedi bod fel rhech yn whare rygbi yn ystod 'yn amser i yn yr ysgol yn Aberaeron – a 'mai i o'dd 'ny, achos bo fi byth yn tywyllu'r gwersi chwaraeon os allen ni helpu fe – yn rhyfedd iawn, rhan fowr o 'ngwaith i yn ysgol Aberpennar o'dd marco'r ca' rygbi a hoci, a'r tracs chwaraeon ar dir yr ysgol. Felly, falle ddylen i fod wedi mynd i rai o'r gwersi er mwyn gwbod shwt o'n nhw fod i edrych!

Dwi'n siŵr bod lot fowr ohonoch chi'n cofio'r haf sych gelon ni yn 1976. Y flwyddyn honno, o'n i'n fisi iawn yn marco trac chwaraeon ar ga', gan ddefnyddio creosote. Dwi'n cofio'n syth ar ôl i fi roi'r creosote lawr ar y ca' i un crwt gynnau matshen a thanio'r creosote ... y cwbwl weles i o'dd cylchoedd mowr o dân yng nghanol y ca' chwaraeon. Wel, fe ges i sioc! Cofiwch, fe dda'th hyn â thipyn o atgofion o'r melltith tebyg ro'n ni fois yn 'i neud yn Aberaeron flynydde 'nôl, ond wy'n hastu i weud na roies i fatshen i ddim byd, wel, ddim i fi gofio, ta beth.

Ma'n rhaid gweud bod plant Ysgol Gyfun Aberpennar ar y pryd yn ddisgyblion eitha drwg. Fe fydde 'na heddlu'n dod i'r ysgol bron bob dydd gan bod 'na rywun wedi rhoi matshen i'r tractor neu ddwgyd y torrwr porfa, neu ryw ddrygioni tebyg.

Ro'n i'n teimlo ambell waith 'mod i'n gweitho mewn steshon
heddlu yn hytrach na mewn ysgol achos bod y bobis yno mor
amal.

Ardal y pylle glo o'dd Cwm Cynon ar un adeg, wrth gwrs,
a ddim yn bell o'r ysgol ro'dd 'na safle gwaith Phurnacite yn
Abercwmboi. O fod wedi byw yn Nyffryn Aeron am gyment o
flynyddo'dd, ro'dd byw fan hyn yn hollol wahanol. Ma rhywun
yn gweld mor bert yw 'u hardal nhw 'u hunen pan ma'n nhw
oddi catre, on'd y'n nhw? Ac ro'dd y dwst o'r gwaith yn ca'l
effeth fowr ar rai pethe yn yr ardal. 'Sech chi'n hongian dillad
glân mas i sychu ar y lein yn ystod y bore, yna erbyn 'u tynnu
nhw lawr gyda'r nos fyddech chi bron yn gorffod 'u golchi nhw
'to achos fydden nhw wedi mynd yn ddu gyda'r holl ddwst.
Ro'dd hyd yn oed y defed gwyn o'dd yn cerdded rownd tir yr
ysgol ar y pryd yn edrych fel defed duon ambell waith achos bo
cyment o ddwst du arnyn nhw.

Dda'th llawenydd i Kitty a finne ar ddiwedd 1978 pan
ffindon ni mas fod babi ar y ffordd – ein plentyn cynta. Ro'n
ni'n dou wedi cytuno nad o'dd ardal Aberdâr a Chwm Cynon
yn rhwle lle o'n ni am fagu plant, a dyma ni'n dou'n penderfynu
y bydden ni'n mentro 'nôl i Geredigion i fyw. Felly, fe roddodd
Kitty y gore i'w swydd ddysgu, a finne wedyn; roies i'r gore
i 'ngwaith fel gofalwr yr ysgol. Bydde gadel Cwm Cynon yn
galed ar un olwg achos dyma lle'r o'n ni'n dou wedi dachre
ar ein bywyd priodasol 'da'n gilydd, ac ro'n ni wedi neud
ffrindie da iawn yno. Ro'dd 'na bâr hyfryd, Peter a Judith, yn
byw uwchben ein fflat ni yn Aberdâr. Ro'dd e'n gweitho yn y
ganolfan hamdden leol a hithe'n dysgu yn Ysgol Pen-y-waun.
Ro'n ni hefyd wedi dod yn dipyn o ffrindie gyda Russell George
a'i wraig Jennifer. Ro'dd y ddou ohonyn nhw'n athrawon, a

Russell yn dysgu yn Ysgol y Gadlys gyda Kitty. Fe gafon ni amserodd hyfryd yng nghwmni'n gilydd ac fe fydde hi'n anodd gadel ffrindie da ar ôl. Ond ro'dd hi'n amlwg bod ein gwreiddie ni'n dou yn ddwfwn yn y pridd yn y gorllewin ac mai 'nôl yn ein milltir sgwâr o'dd ein dyfodol ni a'n teulu newydd. Dwi'n dal i fynd 'nôl i ardal Aberdâr o dro i dro, i weld ein cartre cynta ni yn 1 Dare Villas, ac ma Russell a Jennifer yn dal i fyw yn yr ardal. Fe fydda i'n galw i'w gweld nhw, ac yn dal i ga'l carden a llythyr ganddyn nhw bob Nadolig – dyna i chi arwydd o ffrindie da, bod y cyswllt yn parhau. Bob tro fydda i'n mynd 'nôl 'na, ma'r atgofion yn llifo drosta i. Ond fel pob tref debyg erbyn hyn, ma Aberdâr wedi newid yn arw ers i ni adel, a dwi'n gwbod i ni neud y penderfyniad iawn ar y pryd i droi 'nôl am sir Aberteifi.

Magu teulu, magu gwreiddie

Felly, fe symudon ni 'nôl o Aberdâr a setlo mewn tyddyn bach
o'r enw Blaen-plwyf Lodge – neu Banc fel ro'dd e'n ca'l 'i nabod
ar un adeg. Ma Blaen-plwyf Lodge ar yr hewl rhwng pentrefi
Betws Bledrws ac Abermeurig, rhyw beder milltir o Lanbedr
Pont Steffan. Rhentu'r lle ro'dd Kitty a finne'n neud ar y dachre,
ond fe dda'th cyfle o'dd yn rhy dda i'w wrthod i brynu'r lle yn
1984. A dyna nethon ni.

Ro'n ni'n dou yn ddi-waith, wrth gwrs, a Kitty'n disgwl
hefyd felly ro'dd yn rhaid i fi whilo am waith yn eitha clou.
Nawr, yn yr un man â ffatri laeth Felin-fach, ar yr un campws
yn gwmws, ro'dd canolfan gan y Bwrdd Marchnata Llaeth – yr
MMB neu'r Milk Marketing Board i bawb rownd ffor' hyn.
Agorodd y ganolfan 'i dryse am y tro cynta ym mis Tachwedd
1951, ac ro'dd hi'n ganolfan o'dd yn brido teirw a chynnig
gwasaneth tarw potel hefyd i'r ffermydd bach hynny o'dd â
nifer fach o dda yn benodol. Ro'dd hynny'n newyddion da
achos bydde fe'n 'u safio nhw rhag prynu tarw go iawn. Ro'n
i'n digwydd bod yn nabod un o'r stocmyn cynta i weitho yn
y ganolfan tarw potel, sef Delme Vaughan o Ystrad Aeron. Fe
awgrymodd e wrtha i am sgrifennu at reolwr canolfan yr MMB
yng Nghaerfyrddin yn gofyn a o'dd unrhyw jobsys tarw potel
yn digwydd bod ar ga'l yn y ganolfan yn Felin-fach. Fe gymres
i gyngor Delme, ac fe sgrifennes i'r llythyr. Yn 'i lythyr yn ôl ata
i, dyma'r rheolwr yn diolch i fi am gysylltu gan weud tase byth

swydd yn codi yn Felin-fach, yna bydde fe'n siŵr o ystyried 'y
nghais i.

Do'dd 'da fi ddim gwaith ers symud 'nôl o hyd, a chan bod
tref Llanbed rhyw beder milltir i ffwrdd o 'nghartre newydd, fe
es i weld gŵr o'r enw Glyn Jones am sgwrs yn y felin goed yn
Llanbed, gan sôn wrtho 'mod i'n whilo am waith. Ces i dipyn
o sioc pan wedodd wrtha i, 'Cewch chi ddachre fory.' Dim ond
mynd draw am sgwrs 'nes i! Ond dyna fel y buodd hi a bues i'n
gweitho yno am gyfnod. Ro'dd lwc wedi 'nharo i 'to. 'Y ngwaith
cynta'n y felin goed o'dd llifio coed yn barod i'w neud yn balets,
gwaith o'dd yn hollol wahanol i beth o'n i wedi'i neud o'r bla'n,
ond o'n i'n barod i drio unrhyw beth, achos ro'dd popeth am
newid i fi a Kitty nawr, ro'n ni'n deulu.

Ar 3 Ebrill 1979, cafodd mab bach 'i eni i Kitty a finne – Terwyn
Meurig. Ma Meurig wedi bod yn enw teuluol yn ein teulu ni
ers degawde, ac yn wir, fy enw llawn i yw Francis Aneurin
Meurig, ac ro'dd hi'n teimlo'n iawn felly ein bod ni'n para mla'n
â'r enw 'ny ag un o'n plant ninne'n etifeddu'r enw. Ro'dd gan
Kitty wncwl hefyd, sef brawd 'i mam, o'r enw Roderick Terwyn
Morgans o'dd yn byw yn Wern-ddu, Pennant, felly Terwyn
o'dd y crwt am fod. Ma'n enw anghyffredin falle, ond ma'n enw
apeliodd yn fowr aton ni'n dou.

Y flwyddyn hon hefyd, fe ges i lythyr drw'r post un bore.
Llythyr gan reolwr y ganolfan tarw potel yng Nghaerfyrddin
o'dd e, yn 'y ngwahodd i am gyfweliad ar gyfer jobyn dyn tarw
potel yn y ganolfan yn Felin-fach. Ro'dd Canolfan AI Felin-fach
yn gwasanaethu ffermydd mewn pump ardal i gyd – Llanbed,
Tregaron, Llan-non, Llanybydder a Cheinewydd. Felin-fach
hefyd fydde'n gyfrifol am Ganolfan AI Aberystwyth, ac ro'dd

dwy ardal arall yn dod o dan ofaleth y ganolfan honno. Fe
fydde un dyn tarw potel yn gyfrifol am ardal Penparcau ac i'r
de, a'r llall wedyn o Benparcau lan i Fachynlleth.

Ar fore'r cyfweliad dyma fi'n mynd 'to, yn gwmws fel es i'r
cyfweliad yn Aberdâr, gyda 'nhystysgrife City and Guilds o dan
fy nghesel a chyrradd Felin-fach erbyn deg y bore. Rheolwyr
y ganolfan, Neville Williams a Bill Jones, o'dd yn cynnal y
cyfweliad y bore 'ny, ac ro'n nhw yno yn 'u cotie gwynion yn
aros amdana i. Ro'dd hynny'n ddigon i godi ofan ar unrhyw un,
fel tasen i ar fin mynd mewn i ga'l llawdrinieth!

Cyn y cyfweliad fe ges i'r cyfle i gwrdd â rhai o'r
ysgrifenyddese yn y ganolfan, yn ogystal â cha'l gweld y
switchboard lle fydde'r holl alwade ffôn gan ffermwyr yr ardal
yn ca'l 'u derbyn.

Ro'dd y ganolfan AI yn berchen ar tua 30 cyfer o dir ar y
pryd hefyd, a bydde tua 35 i 40 tarw'n ca'l 'u cadw 'na. Bydde'n
rhaid ca'l stocmyn i ofalu ar ôl y teirw, wrth gwrs, ac ro'dd tri
stocmon yn gyfrifol am edrych ar ôl y teirw yn Felin-fach; Evan
Jones, Dan Jones ac Islwyn Jones. Y tri Jones, a'r tri ohonyn
nhw'n gymeriade unigryw. Ro'dd Evan yn gymeriad hoffus
iawn, â gwên ar 'i wyneb bob amser, ac yn hoff iawn o dynnu
coes. Ro'dd e wrth 'i fodd 'da'r creaduried, ac ro'dd gra'n ar y
teirw bob amser. Evan o'dd tad yr actor Dafydd Aeron, fuodd
yn rhan o'r opera sebon *Pobol y Cwm* am gyfnod a chyfresi
comedi fel *Nyth Cacwn* a *Tydi Bywyd yn Boen*. Fuodd Dafydd
yn portreadu rhan ficer y plwyf ym mhantomeims enwog
Theatr Felin-fach am sawl blwyddyn hefyd, ac yn rhyfedd
iawn, erbyn heddi mae e'n offeiriad 'i hunan 'da'r Eglwys
yng Nghymru, ac yn gofalu am eglwysi yn ardal Llangeitho
a Llanddewibrefi. Ro'dd Islwyn Jones yn gymeriad hoffus

hefyd, ac yn wncwl i'r ddarlledwraig Eleri Siôn. O'r tri, dim ond Dan Jones o Aberaeron sy' dal yn fyw heddi. Fe weles i fe'n ddiweddar iawn tra 'mod i'n siarad 'da chriw rhyw gymdeithas ne'i gilydd, ac ro'dd hi'n braf hel atgofion 'dag e am 'i ddyddie'n gweitho 'da'r MMB.

Dwi'n cofio'r tri Jones yn sôn am ddigwyddiad doniol 'na un tro pan dda'th criw dierth i gampo ar dir y Bwrdd Marchnata Llaeth yn ystod y nos, a chodi pabell i gysgu yno. Pan ddihunon nhw yn y bore, fe gawson nhw sioc ofnadw wrth roi'u penne tu fas i'r babell a gweld tua deugen tarw rownd iddyn nhw! Dwi ddim yn meddwl y bydden nhw wedi mentro i gampo 'na 'sen nhw wedi gweld beth o'dd yn y ca' yng ngole dydd.

Ges i dipyn o ofan yn ystod y cyfweliad ar gyfer y jobyn hyn yn Felin-fach. Nid dim ond achos bod y ddou o'dd yn cyfweld â fi yn gwisgo rhyw gotie gwynion ffurfiol yr olwg, ond achos fe ddangoson nhw siart fowr o liwie i fi – ro'dd pob lliw dan haul arno fe, credwch chi fi. Ar ôl edrych ar y siart, fe holon nhw fi wedyn gan ofyn i fi weud wrthyn nhw pa liwie o'dd ar y siart yn 'u trefen ar y garden. Do'n i ddim wedi disgwl ca'l y prawf hwn, rhaid i fi gyfadde, a do'n i ddim yn siŵr beth o'dd am ddod nesa. Ond fe sylweddoles i mai'r rheswm am y prawf o'dd 'i fod yn rhoi cyfle iddyn nhw neud yn siŵr bo fi'n gallu gweld lliwie'n iawn – mewn geirie er'ill, bo fi ddim yn *colourblind*.

Fe ddes i ddeall wedyn, 'sen i yn lliwddall yna fydden i ddim yn gymwys i ga'l y job fwy na thebyg gan fod had pob tarw gwahanol yn ca'l 'u cadw mewn gwellt neu *straws* o'dd yn lliwie gwahanol i gyd. Er enghraifft, lliw'r gwelltyn o'dd yn dal had tarw Henffordd fydde coch, ro'dd y gwelltyn ar gyfer had tarw Charolais yn *mauve*, Jersey yn wyrdd, a Friesian yn llwyd. Felly, ro'dd hi'n bwysig iawn bo fi'n gallu gwahaniaethu rhwng y lliwie, rhag ofan fydden i'n rhoi tarw o'r brid anghywir i fuwch o'dd yn wasod, achos wedyn fydde'r ffarmwr *ddim* yn hapus!

Ar ôl y prawf lliwddall, o'n i'n teimlo bod y cyfweliad wedi mynd yn olréit. Ro'n i'n gobitho y bydden i'n ddigon lwcus i ga'l y job, achos o'dd e'n edrych ac yn swno fel gwaith diddorol iawn. Jyst y math o beth licen i neud.

O fewn tridie, fe ges wbod bo fi'n ca'l cynnig y jobyn ac yn falchach byth gwbod bo fi ddim yn *colourblind*! Ond fe fydde derbyn y job hyn yn golygu y bydde'n rhaid i fi fynd 'nôl i astudio 'to, er mwyn paso fel dyn AI a phrofi bo fi'n gallu neud y gwaith. Felly, dyma baco 'nghesys ar gyfer mynd i hyfforddi yn ardal Rhuthun. Wrth i fi baratoi i fynd i Ruthun, wi'n cofio un ffarmwr lleol yn gweud wrtha i, 'Ma 'da ti waith am oes yn fan'na.' Ro'dd y dyn bach yn gweud calon y gwir.

Rhoi meddwl ar waith

Ro'dd 'da fi gar newydd erbyn hyn – Hillman Avenger – ac ar ddiwedd Ebrill 1979 dyma fi'n rhoi'r cesys yn y car ac yn 'i throi hi am Ruthun. Dim ond tamed yn llai na mis oed o'dd Terwyn, ac ro'dd yn rhaid gadel Kitty a fe am y tro er mwyn mynd i ga'l yr hyfforddiant o'dd 'i angen arna i. Fe weles i hynny'n galed iawn ar y pryd, ond ro'n i'n gwbod hefyd na fydde modd cynnal y teulu os na fydden i'n derbyn y gwaith yma'n Felinfach a do'dd 'da fi ddim dewis ond mynd i Ruthun i ddysgu mwy am waith dyn AI. Ond, bydde cwmni 'da fi i fynd yno achos bydde Simon Pitt o Aberystwyth yn teithio 'da fi ac yn ysgafnhau'r daith gyda'i gwmni. Ro'dd e hefyd yn gorffod mynd yno i hyfforddi am 'i fod ynte wedi derbyn job tebyg i finne yn y ganolfan AI yn Aberystwyth. Fe fydden ni wedyn yn mynd i Fachynlleth i gasglu un arall o'dd am ddod 'da ni, sef Michael Roderick, a bydde'r tri ohonon ni wedyn yn mynd mla'n i Ruthun yn griw hwyliog 'da'n gilydd.

Yng nghefen y car, ro'dd 'da fi bâr newydd o welintons, clogyn pwrpasol a'r tŵls ar gyfer neud y gwaith. Ro'n i'n barod am unrhyw beth! Ro'n i'n aros mewn byngalo yng nghanol tref Rhuthun gyda hen wreigan fach o'r enw Misus Jones. Sai'n cofio llawer iawn amdani, dim ond 'i bod hi'n wraig garedig a chroesawgar iawn, ac ro'n i a Simon yn gorffod rhannu stafell yn 'i chartre hi. Ma Simon yn fachan tal iawn iawn, a dwi'n cofio'i weld e'n gorwedd yn 'i wely, ac am 'i fod e mor dal, ro'dd

'i dra'd e'n hongian dros y gwaelod achos bod y gwely ddim
yn ddigon mowr iddo fe. Sai'n siŵr faint o gwsg o'dd e'n ga'l
chwaith, druan bach, achos o'dd ofan tywyllwch arno fe ac fe
fydde'n rhaid iddo fe ga'l gole'r landing mla'n cyn mynd i gysgu.

Ro'dd ein bore cynta ni yn Rhuthun yn fore cynnar iawn.
Ro'dd yn rhaid codi am bedwar o'r gloch, os cofia i'n iawn. Rwy'n
cofio Misus Jones yn codi i neud brecwast i ni, whare teg iddi. Y
bore hwnnw, ro'n ni'n mynd i gwrdd â Tecwyn Jones o'r Rhuthun
Freezing Unit, fe fydde'n gyfrifol am ein hyfforddi ni ar gyfer
y gwaith. Ro'dd yn rhaid i ni godi mor fore er mwyn teithio i
ladd-dai yn Amwythig neu i Bromsgrove ger Birmingham. Ar ôl
cyrradd, fe fydde'r welintons a'r clogyn newydd yn ca'l 'u gwisgo,
a'n tasg ni wedyn fydde ymarfer y gwaith trwy roi tarw artiffisial
i dda hesbion cyn iddyn nhw ga'l 'u lladd wedyn am whech y
bore. Dwi'n hastu i weud bod y gwartheg am ga'l 'u lladd beth
bynnag. Ro'n ni'n iwso gwellt â lliw neu *dye* ynddyn nhw ar
gyfer yr ymarferion 'ma. Lliw glas fydde yn y gwellt ro'n i'n iwso,
melyn o'dd yng ngwellt Simon a lliw coch yng ngwellt Michael.
Ro'dd yn rhaid i'r tri ohonon ni ga'l lliwie gwahanol, wrth gwrs,
er mwyn i Tecwyn weld a o'n ni'n tri'n neud y gwaith yn iawn
pan fydden nhw'n inspecto'r da ar ôl 'u lladd nhw.

Fe fydde'n rhaid i ni roi tarw i gynifer o dda ag y gallen ni er
mwyn dod yn gyfarwydd â'r gwaith. Ac er yr holl ymarfer do'n
i ddim yn gweld y gwaith mor rhwydd ag o'n i wedi dychmygu
fydde fe chwaith. Ro'n i'n teimlo pen-ôl y fuwch yn dynn rownd
'y mraich i wrth i fi drial neud y gwaith. Bydde'n rhoi dolur i fi
achos bydde hi'n gwasgu rownd 'y mraich gan atal y gwaed rhag
llifo i 'mysedd. Ac os o'n i wedi cymryd yn hirach nag arfer i
fennu'r gwaith fe fydde 'mraich i'n colli nerth, ac yn gwanhau o
achos 'ny.

Do'n nhw ddim yn clymu'r da i ni bryd hynny chwaith, fel ma'n nhw'n dueddol o neud heddi, felly ro'dd yn rhaid cornelu'r anifeilied cyn gallu neud unrhyw beth â nhw. Bydden ni'n rhoi had i tua deg ar hugen o wartheg mewn bore, cyn mynd i ga'l paned o de a hoe haeddiannol wedi'r holl ymdrechion am tua saith y bore, tra bydde'r gwartheg druan yn ca'l 'u lladd.

Er mwyn gweld wedyn a o'n ni wedi neud ein gwaith yn iawn, bydde croth pob buwch yn ca'l 'u tynnu o'u cyrff a'u rhoi ar fainc i'w hinspecto – dyma shwt fydden ni'n ffindo mas a o'dd yr had wedi ca'l 'i roi yn y man iawn. Ro'dd y safone'n uchel iawn yno, fydde neb yn ca'l gadel y lladd-dy tan bod yr hyfforddwyr yn hollol hapus ac yn siŵr bod y gwaith wedi ca'l 'i neud yn iawn, a'n bod ni fyfyrwyr yn deall ein gwaith yn llwyr.

Dyma beth fydde'r drefen i fi, Simon a Michael bob dydd o'r wthnos tra ro'n ni'n aros yn Rhuthun. Bydden i'n mynd gartre ar y penwthnos, wrth gwrs, ond yn teithio 'nôl wedyn nos Sul am y gogledd 'to. Yn y pen-draw, fues i'n ddigon lwcus i baso'r prawf, ac ro'dd hynny'n golygu bo fi'n ca'l mynd i weitho i'r ganolfan yn Felin-fach. Ro'dd hyn wedyn yn ddachre ar gyfnod o ddysgu am yr elfenne er'ill o'dd yn perthyn i waith y dyn tarw potel, sef y gwaith papur a'r gwaith technegol arall. Do'dd dim sôn am ffôns symudol bryd 'ny cofiwch, ac fe fydde'n rhaid i bob galwad gan ffermwyr ddod trwy'r ganolfan yn Felin-fach. Tase 'na fwy o alwade wedi cyrradd yn ystod y dydd wedyn, fe fydden i'n gorffod ca'l gafel ar giosg ffôn ac arian mân, ac yna ffono'r ganolfan er mwyn ca'l rhester o'r galwade ychwanegol ac yna tasgu lawr yr hewl am yr alwad nesa.

Ro'n i'n ca'l y cyfle i fynd rownd ffermydd yr ardal yng nghwmni staff er'ill y ganolfan ar y dachre, dynion o'n nhw bob un – do'dd dim menwod yn neud gwaith AI bryd hynny –

a dilyn rheolwr y ganolfan, Neville Williams, ar 'i drafels wnes i
ar y dachre. Fe fydden i'n ca'l y cyfle i ymarfer y grefft 'to mas ar
y ffermydd, a dwi'n cofio'n iawn y diwrnod cynta i fi ddachre yn
Felin-fach achos fe es i mas yng nghwmni Tom Davies o Synod
Inn. Ro'n i wrth 'y modd yng nghwmni Twm, ac allen ni fyth â
bod wedi dymuno ca'l neb gwell i roi fi ar ben hewl yn y byd AI.
Ro'dd brawd Tom, sef Daff Davies, hefyd yn ddyn tarw potel,
yn byw ym Mhenparcau, Aberystwyth ac yn gweitho mas o'r
ganolfan leol yno. Ro'dd Twm Synod Inn, fel o'dd pawb yn 'i
nabod e, yn dipyn o gymeriad. Ro'dd pawb yn nabod Twm ym
mhobman fydden ni'n mynd a phawb â gair da i weud amdano
fe bob tro. Fe ddysges i lawer gan Twm, hyd yn oed yn ystod
yr wthnos gynta 'ny, ac ro'dd 'da fe lawer o eirie call o gyngor
i fachan newydd fel fi a straeon difyr di-ri. Ro'n i'n joio clywed
'i storis e. Dwi'n 'i gofio fe'n sôn 'i fod wedi ca'l iâr gan un
ffarmwr rwbryd – a'r iâr honno wedyn yn dianc o dan bedal y
clytsh yn 'i gar, gan achosi iddo golli rheoleth ar y car a'i ddreifo
i'r clawdd. Fe foelodd y car a lando ar 'i ochor. Cafodd Twm
dipyn o shiglad wedi'r holl bantomeim, ond do'dd dim pluen o'i
lle ar yr iâr.

Dro arall, dwi'n cofio mynd gyda Twm i ffarm y bardd
Tydfor Jones, un o fois y Cilie, sef Blaencelyn. Ro'dd Tydfor
hefyd yn dipyn o gymeriad, fe alwodd un o'i wartheg yn
Margaret Thatcher. Fe fydde fe'n llwyddo i gyfansoddi pennill
bach i fi bob tro y bydden i'n mynd 'na, ac fe fydden i wrth
'y modd yn ca'l mynd i'w weld e. Dwi'n difaru hyd heddi na
gadwes i ddim un o'r penillion na'th e i fi, ond ar y pryd o'n i'n
meddwl dim am y peth achos bo fi'n ca'l shwd gymint. Da'th
diwedd trist iawn i Tydfor druan, achos fe gafodd 'i ladd ar
waelod hewl 'i ffarm yn gyrru'r Ffyrgi fach.

Ei, ei ... AI

Ro'dd canolfan AI Felin-fach yn gyfrifol am bump ardal, os cofiwch chi, ac ro'dd dyn tarw potel gwahanol yn gyfrifol am bob un. Twm Synod Inn o'dd yn gyfrifol am ardal Ceinewydd; Tom Davies, Aberaeron yn ardal Llan-non; Delme Vaughan o Ystrad Aeron yn gyfrifol am ardal Tregaron; Vaughan Morgan o Silian yn ardal Llanbed; a Danny Davies, Gors-goch yn gyfrifol am ardal Llanybydder. Fe fydde Offi Phillips o Cross Inn, Ceinewydd a Gwynfor Davies o Landysul ar ga'l i weitho unrhyw ardal pan fydde'r technegwyr arferol ar 'u gwylie – yn ogystal â finne, Neville Williams a Dewi Morgan. Ro'n ni'n dipyn o dîm.

Fe fydde'r gwaith yn dachre tua wyth o'r gloch bob bore i ni, ac yn bennu tua dou y prynhawn. O'dd, ro'dd y cyfnod hwnnw'n gyfnod braf iawn, ca'l gweitho'r orie 'ny. Ar ôl cyrradd y ganolfan bob bore, fe fydden ni'n ca'l paned fach o de a chlonc er mwyn rhannu niws a chlywed hanesion y diwrnod cynt. Wedyn, gwaith cynta'r dydd fydde golchi matie'r car, y welintons a'r clogyn o'r diwrnod cynt â dŵr a disinffectant a'u rhoi nhw naill ochor i sychu. Ro'dd bod yn hynod lân a neud yn siŵr bod safonau hylendid yn uchel yn bwysig iawn ac ma hynny'n dal i fod yn wir 'da ni heddi.

Gan ein bod ni'n cyrradd y gwaith mor gynnar yn y bore, fe fydden ni'n ca'l cyfle i fynd am frecwast clou i'r cantîn yn y ffatri laeth o'dd ar yr un campws â ni. Ro'n i hefyd yn casglu rhyw ddou beint o laeth ar y ffordd mas bob dydd. Un o'r pyrcs o ga'l gweitho 'na o'dd ein bod ni'n ca'l y llaeth am hanner y pris.

Wedi brecwasta, glanhau'r offer a dala lan â'r newyddion, am naw o'r gloch y bore fydden ni'n gadel y ganolfan yn Felin-fach ac yn teithio i neud galwad gynta'r dydd. Pawb yn mynd 'i ffordd 'i hunan. Am hanner awr wedi deg wedyn fe fydden i'n trial ffindo ciosg er mwyn ffono 'nôl i'r ganolfan i weld a o'dd unrhyw un arall wedi ffono ise tarw nes mla'n y diwrnod 'ny.

Yn y dyddie cynnar 'ny, os o'dd ffermwyr am i fi alw 'da nhw â'r tarw potel, fe fydde'n rhaid iddyn nhw ffono'r ganolfan yn Felin-fach cyn hanner awr wedi deg y bore. Os na fydden nhw'n neud 'ny, yna fydde'n rhaid iddyn nhw aros tan y diwrnod wedyn. Wrth gwrs, ma'n dra gwahanol heddi – ma modd ca'l gafel arna i bob awr o'r dydd – a hynny achos bod gan bawb, bron, ffôn symudol nawr. Fe fydde pob un o'r pump ardal yn ca'l rhyw ugen o alwade bob dydd. Ro'dd hyn yn dipyn yn y cyfnod hwnnw, a hynny siŵr o fod achos fod 'na fwy o ffermydd bach ambytu'r lle bryd 'ny, gyda llawer iawn ohonyn nhw'n gwerthu llaeth. Os o'dd y llinelle'n digwydd bod yn fisi, neu os o'dd rhywun yn ffono tu fas i orie gwaith, yna fydde'r peiriant ateb yno i ddala 'u neges nhw. Dwi'n cofio cyrradd y gwaith un bore, ac fel arfer y peth cynta fydden i'n neud fydde whare'r tâp 'nôl i ga'l clywed pwy o'dd wedi ffono yn ystod y nos. A dyma un o'r negeseuon glywes i un bore:

> Dewch i Landdewi'n fuan
> At Pugh yng Nghefengoyan.
> Ma'r fuwch yn wasod benwan,
> Tro cynta, tarw Friesian.

Pan o'n i'n sôn wrth rai o'r ffermwyr dwi'n mynd atyn nhw'n rheolaidd 'mod i'n sgrifennu'r llyfyr 'ma, cafodd Arwel Davies, ffarm Pistyll-gwyn, Llanybydder, afel ar un o'r tystysgrife cynta i fi 'u sgrifennu erio'd, un lenwes i yn ystod 'y mlwyddyn gynta wrth y gwaith. Pan weles i'r dystysgrif 'to, fe dda'th 'nôl â tipyn o atgofion i fi am y dyddie cynnar hynny'n neud fy rownds. Ma amser wedi hedfan ers hynny, rhaid i fi weud.

Ro'dd un deg tri ohonon ni'n gweitho fel dynion tarw potel yn Felin-fach, a thair ysgrifenyddes yn gyfrifol am y gwaith gweinyddol i gyd; Jennifer Thomas, Eirian Jacob a Gwyneth Jones, gwraig Evan Jones un o'r stocmyn, a mam Dafydd Aeron. Rhan fwya o'u gwaith nhw fydde cadw cofnodion am fanylion pob anifail fydde'n ca'l tarw potel gan bob dyn AI, gan gynnwys enw'r fuwch, enw'r perchennog a'r dyddiad ga'th hi darw. Ar y wal yn y ganolfan, fe fydden ni fel staff yn cadw golwg ar dabl y *conception rates* ar gyfer y da fydden ni wedi'u syrfo bob mis. Pwrpas y tabl o'dd cofnodi'r holl dda o'dd wedi llwyddo i feichiogi ar ôl ca'l y tarw potel, ac fe fydde hyn yn dangos a o'dd pob dyn tarw potel yn neud 'i waith yn iawn. Do'dd neb byth ise bod ar waelod y tabl, wrth gwrs, ond os fydde unrhyw un yn ymddangos ar waelod y tabl ddeufis o'r bron, yna fydde'n rhaid iddo fynd i ail-hyfforddi. Ro'dd hwnna'n rhoi tipyn o bwyse ar ddyn i berfformo'n dda, os chi'n deall beth dwi'n feddwl.

Un rôl arall ges i yn ystod y cyfnod hwnnw pan o'n i'n gweitho yn Felin-fach o'dd gosod a dosbarthu had teirw mewn fflasgie'n llawn *liquid nitrogen* – hwnnw o'dd y cemegyn fydde'n cadw'r had yn fyw, a bydde'r had yn ca'l 'i ddosbarthu yn ôl y cwsmer a ble o'dd e'n byw. Neville Williams, rheolwr y ganolfan, o'dd yn gyfrifol am gadw llygad ar hyn i gyd – ac fe fydde'n neud yn siŵr 'mod i'n gwisgo cot wen i neud y gwaith hefyd. 'Na'r agosa ddes i at fod yn ddoctor erio'd, siŵr o fod.

Ro'dd 'da fi barch at Neville Williams fel bòs a rheolwr y ganolfan. Yn anffodus, fe dorrodd 'i iechyd e ac ro'dd yn rhaid iddo roi'r gore i'w waith yn 1988. Erbyn hyn, mae e'n byw yn nhre Aberhonddu, ac ro'dd hi'n braf 'i weld e yn y Ffair Aeaf yn Llanelwedd yn ddiweddar. Ro'dd e'n cofio'r diwrnod cynta ddes i am y cyfweliad i Felin-fach yn iawn. Pan welodd e fi'n cerdded mewn i'r swyddfa gyda'r tystysgrife City and Guilds dan 'y nghesel i, fe wedodd e wrth 'i hunan, 'This bloke means business!' Weles i golled ar ôl i Neville ymddeol, ond fe dda'th rheolwr newydd yn 'i le yn ddigon clou, sef Simon Williams, bachgen o ardal Brynbuga yn sir Fynwy. Ro'dd Simon yn fab i Bryn Williams dda'th i enwogrwydd fel canwr ac actor yn y saithdege ar raglenni *Ryan a Ronnie*. Fuodd Simon ddim yn 'i swydd yn hir iawn, a da'th Vaughan Morgan, Silian i lanw'r bwlch wedyn.

Buodd Vaughan yn rheolwr ar y ganolfan yn Felin-fach tan oedran ymddeol, ac fe ddes inne wedyn yn is-reolwr. Ro'dd hi'n chwith 'da fi weld yr hen Vaughan Morgan yn gadel hefyd, achos ro'dd e wedi bod yn dipyn o ffrind i fi yn Felin-fach ers i fi ddachre 'na. Ro'dd ca'l dod yn is-reolwr yn golygu bod yn rhaid i fi neud peth gwaith yn y swyddfa hefyd, pethe fel ateb galwade ffôn gan gwsmeried a sorto'r galwade mas i'r ardalo'dd iawn cyn hanner awr wedi deg bob bore – a hyn i gyd hefyd cyn i fi ddachre ar y 'ngwaith 'yn hunan o drafaelu rownd y ffermydd â'r tarw potel am un ar ddeg.

Ers i ffermydd ddatblygu a thyfu mewn maint ar hyd y blynyddo'dd, dwi wedi sylwi ar y ffordd ma ffermwyr wedi newid y ffordd ma'n nhw'n ffarmo. Dwi'n cofio pan o'n i wrthi mai

enwe fydde ffermwyr yn rhoi ar y gwartheg ro'n ni'n 'u syrfo yn
y blynyddo'dd cynnar, ac ro'n ni'n ca'l tipyn o sbort yn clywed
rhai o'r enwe ro'n nhw'n rhoi ar y da. Fe fydde rhai yn defnyddio
enwe o raglenni teledu poblogedd ar y pryd fel Nora Batty o *Last
of the Summer Wine*, neu fe fydde nhw'n enwe mwy cyffredin
fel Marigold a Glasen, neu enwe fydde'n disgrifio nodweddion y
fuwch, Siân Tethe Bach, er enghraifft. Ma'r enwe wedi diflannu
bron erbyn heddi yn anffodus, a rhife sy ar y rhan fwya o dda
fydda i'n rhoi tarw iddyn nhw nawr. Ma hyn wedi digwydd am
fod nifero'dd buchesi ar ffermydd wedi tyfu wrth gwrs.

Bob bore, tasg yr ysgrifenyddese yn y ganolfan yn Felin-fach
pan fydde'r ffôns yn canu fydde cofnodi manylion y gwartheg
a'u perchnogion ar gardie a'u cadw nhw mewn ffeils pwrpasol.
Ro'dd un o'r dynion AI yn Felin-fach ar y pryd, Delme
Vaughan, Ystrad Aeron, wedi bod yn y gwaith ymhell cyn i fi
ddachre. Ro'dd e'n hen gyfarwydd â phob math o enwe'n ca'l 'u
rhoi ar dda pan fydde fe'n mynd ar 'i rownds. Ma 'na un stori
fach dda amdano fe'n galw mewn un ffarm rhyw ddiwrnod am
fod Lloyd a Llinos Davies, ffarm Llwynfedw, Llanybydder wedi
gofyn iddo fe alw gyda nhw am fod buwch o'r enw Lasi'n wasod.
Ond pan gyrhaeddodd Delme'r ffarm y diwrnod hwnnw, do'dd
neb adre, dim dŵr a sebon wedi'u gadel iddo fe a dim syniad 'da
fe pa fuwch o'dd 'Lasi'. Ond yn lle gadel y fuwch heb darw – fe
a'th i drial ffindo mas pa fuwch o'dd hi. Ma'r stori'n llawn mewn
cerdd gafodd Delme gan Llinos Davies, ffarm Llwynfedw, rai
dyddie wedyn yn diolch iddo am beido ag anghofio'r fuwch
druan. Dwi'n ddiolchgar i weddw Delme, sef Maggie, am gopi
o'r gerdd hon, ac i Llinos Llwynfedw am ganiatâd i'w chynnwys
yn y llyfyr. Ma'n rhoi gwell syniad i chi o'r math o enwe ro'dd
ffermwyr yn rhoi ar 'u gwartheg ar y pryd:

Pan oeddem wrthi'n godro
Fe welsom ni ein dau
Fod Lasi fach yn wasod,
Rhaid ffonio yr AI.

A dyna'n wir a wnaethom,
A hynny cyn bo hir,
A rhoddi archeb bendant
Am darw gorau'r Sir.

Ac yna ar ôl brecwast
Rhaid bwrw at y gwaith,
I baratoi y defaid
Ar gyfer siwrne faith

I'w cludo o Lwynfedw
Am fod hi'n ddiwrnod braf
I ardal Esgairdawe
I bori dros yr haf.

Ac yna draw i Lango'
Yr aethom tua dau
Gan lwyr anghofio'r sebon
A thowel i'r AI.

A dyna lwcus fuom
Mai Delme Vaughan a ddaeth,
Ac yn lle gadael Lasi
Ein chwilio ni a wnaeth.

Bu'n holi yma ac acw –
A welodd rhywrai'r ddau
A fuodd mor esgeulus
I anghofio yr AI?

'Rôl cael gan Mary wedyn
Y cyfarwyddyd llawn,
Dychwelodd i Lwynfedw,
Roedd Lasi'n hapus iawn!

Ymhlith y gwartheg brithion
Sydd gyda ni yn awr
Mae Carol, Cochen, Polly
A Jane a Mari Fawr.

Mae Gloria ac mae Jenny,
A Susie, Siân a Dot,
Ac yn eu canol erbyn hyn
Y mae Forget-me-not.

A phan ddaw y Nadolig
A'i firi unwaith 'to,
I Delme fydd y diolch
Fod Lasi'n dod â llo.

Yn y dyddie hynny hefyd, fe fydde'r ffordd y bydde'r ffermwyr
yn talu am y gwasaneth tarw potel yn wahanol iawn. Os o'ch
chi'n ffarmwr godro, yna fe fydde'r ffi'n ca'l 'i dynnu oddi
ar y siec fydden nhw'n ca'l am y llaeth bob mis gan y Bwrdd
Marchnata Llaeth. Ond os taw ffarmwr bîff o'dd yn gofyn am y

gwasaneth, ro'dd yn rhaid naill ai talu ffi am y gwasaneth ar yr un diwrnod, neu aros tan bod bil yn cyrradd ar ddiwedd y mis.

Cost tarw Friesian ar y pryd er enghraifft, o'dd rhwng £5 a £10, gyda ffi o £2.50 yn ychwanegol am y gwasaneth tarw potel a 50c yn ychwanegol wedyn ar gyfer ffermwyr bîff. Erbyn heddi, ma cost had tarw'n amrywio rhwng £8 a £30 – yn dibynnu ar ba fath o darw ma'r ffarmwr ise rhoi i'r fuwch. Ma 'na opsiwn erbyn heddi hefyd i ffermwyr ddewis pa ryw ma'n nhw moyn i'r llo, yr hyn ry'n ni'n 'i alw'n *sexed-semen*, ond ma cost hwnnw wedyn yn dipyn uwch. Hefyd, ma cost y gwasaneth tarw potel 'i hunan wedi codi i tua £9 y fuwch.

Cymeriade cefen gwlad

Fe dda'th plentyn arall i Kitty a finne ar 23 Gorffennaf 1981.
Merch fach y tro hwn – Delyth Nia. Ma'r diwrnod hwnnw'n
aros yn y cof yn blaen 'da fi hyd heddi, fel pan gafodd Terwyn 'i
eni. Es i'r gwaith yn y bore, ac fe wedes i wrth Neville Williams
falle y bydde'n rhaid i fi adel 'y ngwaith ar 'i hanner gan bod
Kitty fod i roi genedigeth y diwrnod hwnnw. Ro'dd 'i wyneb yn
bictiwr pan wedes i wrtho fe, fel 'se fe wedi ca'l rhyw ofan mowr
o 'ngweld i wedi dod i'r gwaith. 'Good God, Aneurin,' medde fe.
'What are you doing here then? You should be home with your
wife! Go on, go home to her!'

A bant â fi gartre yn fy hyd, a phan gyrhaeddes i'r clos, ro'dd
ambiwlans yno'n barod am fod dŵr Kitty wedi torri ac ro'dd
Delyth ar 'i ffordd. Dim ond jyst 'i neud hi i ysbyty Bronglais
yn Aberystwyth nethon ni hefyd, achos rai munude wedyn, fe
gyrhaeddodd Delyth! O'dd hi mor bert ac o'n i wedi dwlu arni'n
llwyr. A 'co ni, ein teulu ni'n gyflawn.

Ers y diwrnod cynta hynny yn 1979, pan fentres i mas i grwydro
ffermydd cefen gwlad Ceredigion, dwi wedi cwrdd â phob math
o gymeriade. Ma pob un sy wedi bod yn gwsmer i fi ar hyd y
blynyddo'dd wedi bod yn ffyddlon iawn, a sawl un wedi dod
yn ffrindie. Dwi wedi wherthin yn 'u cwmni nhw, wedi ca'l
ysbrydolieth gan rai, ac wedi fy synnu gan er'ill.

Des i ddim ar draws yr un cymeriad mwy ysbrydoledig

na Llew Lewis, ffarm Talgrwn, Llanwnnen ger Llanbedr Pont Steffan. Ro'dd Llew wedi colli'i olwg mewn damwain gyda chalch. O'dd y calch yn ca'l 'i ddefnyddio i lanhau *churns* llaeth, ac fe a'th i drial agor y *churn*, ac wrth wneud 'ny fe ffrwydrodd yn 'i wyneb a'i ddallu. Ond yn wahanol i nifer ohonon ni falle, 'nath Llew yn siŵr nad o'dd y ddamwain 'ma'n ca'l y gore arno fe. Er gwaetha beth o'dd wedi digwydd iddo fe, fe fydde fe'n dal i neud cyment o waith ag y galle fe rownd y ffarm. Fe ddalodd e mla'n i odro bob dydd, ac yna ar ddiwedd y godro bydde'n golchi a glanhau'r parlwr godro, gan neud yn siŵr bod pob rhan o'r parlwr yn lân: bydde'r parlwr wastad yn edrych ar 'i ore.

Pan fydden i'n galw 'na wedyn gyda tharw potel, fe fydde fe'n gallu'n arwain i drwy sawl sied, gan wbod yn strêt pa fuwch o'dd yn wasod ar y pryd. Dwi'n cofio siarad â'i fab, Haydn, un tro yn y Roial Welsh. Ro'dd Haydn wedi mynd i'r Sioe i joio un diwrnod ac fe wedodd e 'i fod e wedi gadel Llew gartre'n godro. Shwt o'dd e'n delio 'da'r godro a fynte ddim yn gallu gweld? Wel, ro'n nhw'n rhoi tâp rownd cynffone'r da hynny o'dd ddim yn godro, a fel'ny ro'dd e'n dod i ben â nhw'n dda wedyn. Ma tueddiad gan sawl un ohonon ni i achwyn am bethe'n amal, yn enwedig ni sy'n byw yng nghefen gwlad, ond ro'n i wastad yn edmygu ac yn rhyfeddu at Llew achos do'dd e byth yn achwyn am ddim byd. O gofio'r hyn o'dd wedi digwydd iddo fe, ro'dd e'n esiampl i ni gyd.

Ddim yn bell iawn o gartre Llew Lewis yn Nhalgrwn ro'dd cartre dou gymeriad arall – y brodyr Jones, ffarm Cornicyll. Fferm bîff o'dd hon, ac ro'dd hi bob amser yn bleser i weld y gwartheg roen nhw'n 'u magu. Ond fel 'da sawl ffarmwr yn yr ardal, ma'r ddou wedi gorffod rhoi'r gore i ffarmo oherwydd 'u bod nhw mewn tipyn o oedran bellach.

Yr ochor arall i'r dyffryn wedyn, yn ardal Cwm-ann, ro'n i'n ymweld yn amal â ffarm y diweddar Phyllis Jones, Cilgell. Mam i'r bridiwr gwartheg o fri, Elgan Jones, ffarm Coedmor Hall o'dd Phyllis ac ro'dd hi'n gymeriad â hanner, a phan fydden i'n mynd i mewn i'r boudy at y fuwch, bydde enwe pob buwch wedi ca'l 'u rhoi uwch 'u penne nhw ar y beipen fydde'n cario'r llaeth i'r tanc. Gan bod yr enwe lan fan 'ny bob tro fydden i'n mynd 'na, dwi'n cofio rhai o'r enwe hyd heddi, enwe fel Lassie, Bella a Marigold. 'Na chi enwe pert.

Ar ôl i fi roi tarw i'r fuwch, fydde Phyllis wastad yn mynnu bo fi'n 'i helpu hi i ddreifo'r gwartheg mas o'r sied, neu ddreifo'r defed i ga' arall yr ochor draw i'r hewl.

Do'dd Phyllis ddim yn gallu dreifo car, ac wi'n cofio sawl gwaith wrth fynd trwy dre Llanbed i fi 'i gweld hi'n reido'i beic drwy'r dre i fynd i nôl neges i'w gŵr Dan. Weles i erio'd Phyllis yn gwisgo trowser. Fe fydde hi wastad mas ar y clos mewn welintons a sgert hir. A fel'na o'dd hi ar gefen 'i beic hefyd – yn reido drw'r dre yn 'i sgyrt a welintons – gyda chloch a basged ar y bla'n. O'dd tipyn o steil iddi a phawb yn 'i nabod hi wrth iddi hwylio heibo. Na, dy'n nhw ddim yn neud cymeriade fel Phyllis ragor.

Un ffarm arall dwi wedi bod yn mynd iddi sawl gwaith ar hyd y blynyddoedd yw ffarm Tyn-lofft ger Silian. Dwi'n cofio mynd 'no un diwrnod, ac ar ôl rhoi'r tarw i'r fuwch gweld Sam Davies yn dod â bwced o ddŵr oer a'i dowlu dros gefen y fuwch. Y tro cynta ddigwyddodd 'ny, ges i sioc, o'n i ddim yn deall beth o'dd y dyn yn neud. Bydde Sam wastad yn credu bod mwy o obeth i'r fuwch gymryd yr had achos sioc y dŵr oer o'dd yn ca'l 'i dowlu drosti. Sai'n siŵr a o'dd coel i hynny hyd heddi, cofiwch, ond ro'dd e'n gweitho i Sam. Neu dyna fydde fe'n gweud ta beth.

Un o'r pyrcs o ga'l gweitho fel dyn tarw potel yw cymryd mantes o haelioni o dro i dro, os yw cwsmeried mor garedig â chynnig pethe am ddim i chi, tamed bach o de prynhawn neu sached o datw falle; fel Cardi fydda i byth yn gwrthod y cynnig i ga'l rhwbeth am ddim!

Dwi wastad wedi hoffi byta swêds, yn enwedig gyda chino dydd Sul, a dwi'n cofio un diwrnod mynd i un ffarm yn ardal Llanbed, a gwraig y tŷ yn dod mas i 'nghyfarch i ar y clos.

'Bore da, Aneurin,' medde hi. 'Licech chi gwded bach o swêds 'da fi?'

'Jiawch, ie, pam lai,' medde fi 'nôl wrthi. 'Gymra i gwded o swêds 'da chi. Diolch yn fowr iawn 'de.'

'O na fe 'de,' medde hi 'nôl. 'Cewch chi miwn i'r sgubor nawr a ma cwdyn fan'co. Bydd rhaid i chi fynd lan i'r ca' i'w hôl nhw y'ch hunan, cofiwch!'

Do'n i ddim wedi disgw'l yr ymateb 'ny, ma'n rhaid i fi gyfadde, gan 'u bod nhw fel arfer yn dod yn 'u sach yn barod. Ond dyna ni, feddylies i, os wi'n ca'l 'u cynnig nhw am ddim, dyw 'u hôl nhw o'r cae ddim yn fargen mor wael â 'ny. Felly, dyma fi'n mynd gyda fy sach lan i'r cae, a hôl tamed bach i roi yn y sach. Do'n i ddim ise ca'l 'y ngweld yn rhy drachwantus yn mynd â gormod, ac ro'dd yn rhaid i fi gofio hefyd bod yn rhaid i fi gario'r sach 'nôl i'r car 'da fi hefyd, o'n i ddim ise llusgo hi tu ôl i fi. Beth bynnag, dyma fi'n cario'r sach 'nôl a'i rhoi hi yn sêt gefen y car, a chyn i fi hyd yn oed gau drws cefen y car, dyma'r wraig yn gweiddi arna i o'r tŷ, 'Nawr te Aneurin, whech punt sy arnoch chi i fi am rheina.'

Wel, dyna beth o'dd siom, a finne wedi meddwl 'mod i'n 'u ca'l nhw am ddim! Sai'n siŵr pwy o'dd y Cardi mwya'r diwrnod hwnnw … Dales i cofiwch, er joies i ddim lot ar y swêds.

Dwi'n cofio wedyn mynd i un ffarm a gwraig y ffarm yn gweud wrtha i, 'Nawr te Aneurin bach, ewn ni i neud y fuwch yn gynta de, a wedyn gewch chi ddod mewn i'r tŷ 'da fi i ga'l bach o jeli.' Jeli? Beth o'dd mla'n 'da hon, feddylies i.

'O jiw, 'sdim rhaid i fi ga'l jeli 'da chi. Ma galwade er'ill 'da fi a bydd yn rhaid i fi fynd ma arna i ofan,' medde fi gan gofio bod sawl ffarm arall ar fy rhester o alwade y diwrnod hwnnw.

'O peidiwch â gweud 'ny, fyddwch chi ddim yn hir wrthi nawr,' medde'r wraig yn ddigalon. 'A wy wedi neud jeli'n *sbeshal* i chi, cofiwch.'

Wel, ar ôl iddi weud hynny, fe fydde'n gas 'da fi os na fydden i wedi derbyn 'i gwahoddiad hi, felly mewn â fi i'r ffermdy i fyta'r jeli. Ro'dd y jeli'n ffein iawn, rhaid gweud, ond wrth i fi fynd 'nôl i'r car, dyma'r hen wraig yn fy nilyn i wedyn yn dal i glebran fel pwll y môr ac fe ges i dipyn o waith i adel y ffarm honno'r prynhawn hwnnw. Y prif reswm wrth gwrs pam o'n ni wedi ca'l mynd mewn i'r tŷ gyda hi o'dd am 'i bod hi ise clywed beth o'dd y niws diweddara am bobol yr ardal, yn gwmws fel 'se hi'n meddwl bo fi'n un o'dd yn hela clecs am bawb. Do'dd dim stop ar 'i lap hi! Ro'dd dyn AI arall wedi ca'l profiad tebyg un tro pan a'th e yno, ond a'th e ddim miwn i'r tŷ – fe o'dd galla' siŵr o fod. Ro'dd pen y fenyw miwn yn ffenest y car 'da fe am sbel yn holi a busnesa ac fe losgodd e'r clytsh mas yn yr amser fuodd e'n trial dianc o'r clos!

Ac wrth gwrs, ddealles i'n ddigon clou nad o'dd hi wedi neud y jeli'n sbeshal ar 'y nghyfer i, achos dim ond y bore hynny ffonodd hi i weud fod y fuwch ise tarw – fydde hi wedi bod yn glou iawn yn llwyddo i ga'l y jeli i seto.

Ar y ffordd … jyst abowt

Fan fach lliw arian sy 'da fi heddi i neud fy rownds, ond ar y dachre car o'dd 'da fi. A gadewch i fi weud wrthoch chi, do'dd car ddim y peth gore i fynd lawr lonydd ambell i ffarm, ond 'na ni, ro'dd hynny'n well wedyn na gorffod defnyddio car 'yn hunan. O dro i dro fe fydde'n rhaid i fi newid y car gwaith o'dd 'da fi am un arall, achos bydde'r hen gar wedi diffygio. Gyda finne'n trafaelu ganno'dd o filltiro'dd bob wthnos rownd cefen gwlad Ceredigion, ro'dd y rhife ar gloc yr hen gar yn cynyddu'n glou. A phryd bynnag o'n i'n ca'l car newydd, ro'n i'n gorffod trafaelu i Dorking yn Surrey i newid yr hen gar am yr un newydd.

Un haf fe dda'th hi'n amser ca'l car newydd – ro'n i am ga'l Peugeot 309 newydd sbon y tro hwn – a gan bod y plant ar wylie ysgol, fe benderfynon ni fel teulu y bydden ni i gyd yn mynd draw i hôl y car newydd.

Erbyn hyn , ro'dd Kitty wedi ca'l swydd yn altro dillad yn siop ddillad B. J. Jones ar y stryd fowr yn Llanbed. Buodd B. J. Jones yn siop ddillad hynod bwysig i fenwod gorllewin Cymru, ro'dd menwod yn dod o bell i brynu dillad yno – yn gwario ffortiwn – a'u gwŷr â'u hwynebe gwelw o'u hôl hefyd. Fe dda'th y bocser enwog, Frank Bruno, miwn i'r siop i brynu tei un tro, dwi'n cofio 'ny achos fe greodd 'i ymweliad gynnwrf mowr yn y dre! Ond ro'dd Kitty wrth 'i bodd yn altro pob math o ffrogie a blowsys, ac fe joiodd 'i hamser 'na mas draw.

Yn anffodus, y noson cyn i ni fynd am Dorking, a'th Delyth

yn sâl ac ro'dd rhaid iddi hi a Kitty aros gartre. Felly yn gynnar iawn y bore wedyn dyma fi a Terwyn yn dachre am Dorking, gan obeitho cyrradd 'na erbyn tua hanner awr wedi deg y bore. Ro'dd y car newydd yn edrych yn un sbeshal yn y garej y bore 'ny, a'r arogl y tu mewn yn gwmws fel y dyle car newydd arogli. Cyn gadel, ro'dd yn rhaid i fi arwyddo am y car, ac arwyddo o dan y print mân lle ma'n gweud eich bod chi'n hapus bod popeth 'na, yn gyfan ac yn 'i le. Gan 'i bod hi ond yn ganol bore ac yn ddiwrnod braf hefyd, dyma Terwyn a finne'n penderfynu y bydden ni'n mynd ar ymweliad i Barc Saffari Windsor ar ein ffordd gartre. A'r car newydd yn mynd fel y boi.

Nawr, mewn sawl un o'r llefydd saffari 'ma, ma 'na ran o'r parc lle ma'n rhaid i chi ddreifo'ch car drwy gaeau'n llawn anifeilied gwyllt sy'n ca'l crwydro'n rhydd yn hytrach na bod mewn cewyll, achos mai'r math yna o le yw cynefin naturiol rhai o'r anifeilied. Felly, dyma ni'n dreifo o gwmpas, gan joio edrych ar y creaduried yn bolaheulo – tan i ni gyrradd ardal y babŵns – mwncïod sydd â wynebe a thrwyne hir tebyg i gŵn, a phob un â phen-ôl mowr pinc salw hynod amlwg! Dy'n nhw ddim y creaduried perta yn y byd, weda i fel'na. Ro'dd 'na sawl car o'n bla'n ni'n dreifo drwy ardal y babŵns a phob un, feddylies i, yn stopo'r car i edrych ar y mwncis rhyfedd hyn, ond yn wir, dim 'na beth o'dd yn mynd mla'n. Munud nesa, dyma fi'n teimlo rhyw gryndod ar do'r car ac yna wyneb babŵn yn ymddangos ypseid down ar ffenest fla'n y car! Sylweddoles i wedyn pam bod ciw hir o geir o'n bla'n ni. Ro'dd y babŵns yn jwmpo ar ben bob car i weld pwy o'dd 'na! Dyma'r mwnci ar 'y nghar i yn jwmpo lawr ar ben bonet y car a wedyn yn dachre tynnu weipars ffenest flaen y car yn rhydd! Wel, iechyd mowr, feddylies i. Fe racsodd y weipars yn llwyr gan fynd â'r llafne

'da fe 'nôl i'w gwtsh yng nghanol y cae. Yna, yn y ffenest ôl o'n
i'n gallu gweld dou fwnci arall erbyn hyn wedi dachre rhacso'r
teclyn bach o'dd yn tasgu dŵr i'r ffenest ôl. Ro'n nhw wedi
cydio yn y teclyn a thynnu'r beipen ddŵr o'dd yn sownd iddo
nes 'i fod e wedi dod off yn grwn yn 'u bysedd bach bisi nhw!
Ro'dd Terwyn erbyn hyn wedi ca'l tipyn o ofan, ac wedi mynd i
deimlo'n eitha anesmwyth, whare teg. Wrth bo fi'n trial tawelu
hwnnw yn y sedd flaen, yn ogystal â becso am 'y nghar newydd
o'dd yn dachre cwmpo'n bishys o mla'n i, dyma benderfynu
mynd mas o'r car a thrial rhedeg ar ôl y mwncis er mwyn ca'l
fy eiddo yn ôl. Mas a fi – ond dyma lais ar yr uchelseinydd yn
gweud wrtha i am fynd 'nôl i 'nghar yn syth! Erbyn 'ny, ro'dd
dou fwnci arall wedi tynnu'r *hubcaps* oddi ar yr olwynion.
Do'dd dim dewis 'da fi felly ond gadel y darne o 'nghar newydd
sbon truenus ar ôl gyda'u perchnogion newydd, sef babŵns
Windsor!

Ro'dd dreifo 'nôl gartre'n mynd i fod yn anodd iawn, achos
do'dd 'da fi ddim clem a fydden i'n cyrradd mewn un pishyn a
shwt yn y byd fydden i'n egluro wrth 'y mòs 'nôl yn Felin-fach
bod y car – hwnnw o'n i wedi arwyddo 'i fod e'n newydd sbon
pan adawes i'r garej yn Dorking – bellach yn bishys yng nghwtsh
y babŵns ym Mharc Safari Windsor. Beth bynnag, ar ôl ffindo
mas fod bathodyn Peugeot ar fla'n y car wedi diflannu hefyd, y
diwrnod wedyn fe es i lawr â'r car newydd, o'dd yn edrych fel
un ail-law erbyn hyn, at Lyn Davies o'dd ar y pryd yn trwsio ceir
Peugeot yng Ngarej Gwrthwynt yn Aberaeron. Wedes i wrth
Lyn beth yn gwmws ddigwyddodd – a fe wedodd e wrtha i, 'Fues
ti'n lwcus iawn bo dim *spoiler* ar y car, fydden nhw wedi gallu
cnoi hwnnw'n ddarne mân hefyd.' Wel, erbyn i ni adel, o'dd dim
lot o'r car ar ôl wedi iddyn nhw fedlan ag e ta beth.

Arwyddion, gole glas a dom

Dwi'n cofio cyrradd ffarm Trebannau Fawr, Cellan ar bwys
Llanbed un bore, sef cartre'r cymeriad Gerwyn Morgans. Ma
Gerwyn wedi arallgyfeirio'n ddiweddar – mae e'n dal i ffarmo
– ond mae e'n pregethu ar y Sulie, dyn â sawl talent yw Gerwyn.
Dwi'n cofio cyrra'dd y ffarm, a gweld arwydd ar ddrws y boudy
yn gweud:

'To the AI Man – please follow the arrows …'

Do'dd 'da fi ddim syniad beth o'dd o mla'n i, felly dyma ddilyn y
saethe o'dd wedi'u rhoi mewn sialc ar ddryse ac ar walie cerrig, o
un sied i'r llall yn ofalus iawn – dilyn un saeth ar ôl y llall o sied
i sied tan i fi gyrradd y lleoliad lle'r o'dd y fuwch i fod a'r saethe'n
dod i ben. Ond ar ôl yr holl ddirgelwch a'r dilyn, do'dd y fuwch
ddim 'na yn y diwedd! O'n i'n dachre meddwl bo fi wedi darllen y
neges yn rong neu wedi camddeall. Ond yn bendant, do'dd dim
buwch 'na a do'dd 'da fi ddim dewis felly ond gadel. Gartre â fi.

Y bore wedyn dyma fi'n mynd 'nôl i'r ffarm ac ro'dd Gerwyn
gartre y bore 'ny. A phan ddechreues i 'i holi fe am y rheswm
dros dynnu llun yr holl saethe o'dd yn 'yn arwain i at ddim byd
yn y diwedd, dyma fe'n gweud 'i fod e wedi mynd i roi pregeth
yn y capel. Ac achos 'i fod e'n rhedeg yn hwyr, do'dd e ddim
wedi ca'l amser i ga'l y fuwch mewn yn y diwedd. Ond ro'dd e
wedi ffindo'r amser rywffordd i neud yr holl saethe on'd o'dd e?
Druan â Gerwyn!

Fe fydden i'n ffono 'nôl i'r ganolfan yn Felin-fach bob bore tua
hanner awr wedi deg i ga'l unrhyw alwade newydd o'dd wedi
cyrradd ers i fi adel yn gynharach yn y bore. Dyma'r dyddie
cyn y ffôns yn y car, a hyd yn oed y ffôns symudol, ac wrth
gwrs ro'dd rhaid dibynnu ar y ciosgs coch o'dd ar wasgar ar
hyd hewlydd ledled y sir.

Un diwrnod, ro'n i wedi cyrradd ciosg coch ym mhentre
bach Gors-goch ger Llanbed tua chwarter wedi deg. Do'dd
dim lot o bwrpas i fi ffono mewn cyn hanner awr wedi deg,
felly dyma aros yn y car am ryw chwarter awr y tu fas i'r
ciosg, o'dd tu bla'n i'r Swyddfa Bost yng Ngors-goch bryd
hynny.

Ar ôl aros rhyw chwarter awr yn y car, toc cyn hanner awr
wedi deg, dyma rywun yn cerdded i mewn i'r ciosg o mla'n i
a threulio rhyw ddeg munud ar y ffôn yn siarad. Deg munud!
Ro'n i'n cerdded 'nôl a mla'n y tu fas i'r ciosg yn aros fy nhro,
ac ar ôl cryn amser ro'n i wedi dachre colli amynedd! Fydden
i erio'd wedi dychmygu sefyllfa lle bydden i wedi iste am
ryw chwarter awr hamddenol yn y car yng nghefen gwlad yn
aros i hanner awr wedi deg ddod er mwyn i fi allu ffono o'r
ciosg, dim ond i ga'l rhywun yn achub y bla'n arna i yn y pen
draw a hwnnw'n hala ache yn y blincin ciosg wedyn! Ymhen
rhai munude hir 'to, dyma'r dyn yn gadel y ciosg o'r diwedd
a finne'n camu mewn yn glou er mwyn ffono'r ganolfan yn
Felin-fach, cyn bod neb arall yn slipo mewn o mla'n i.

Yn sydyn iawn, dyma fi'n gweld gole glas a chlywed sŵn
seiren yr heddlu yn agosáu. Fe dynnodd y car mewn yn siarp
o fla'n y ciosg a chamodd dou heddwas mas ac agor drws y
ciosg. Droies i rownd mewn penbleth llwyr. Do'dd 'da fi ddim
syniad beth o'dd am ddigwydd nesa, dim ond gwbod 'mod

i'n crynu fel deilen. Dim bob dydd ma rhywun yn cwrdd â dou heddwas cyhyrog mewn ciosg!

Beth bynnag, medde'r heddwas cynta wrtha i'n swyddogol, 'Can I ask what you're doing, sir?' A medde fi 'nôl wrtho'n grynedig mai gweitho o'n i, fel dyn AI, a 'mod i'n ffono 'nôl i ganolfan y Bwrdd Marchnata Llaeth yn Felin-fach i ga'l mwy o alwade.

Ro'n i'n lwcus bod yr heddwas arall yn siarad Cymra'g ac yn gwbod amdana i, neu falle y bydde wedi cymryd mwy na 'ngair i iddyn nhw 'nghredu i. Yr hyn o'dd wedi digwydd o'dd bod perchnogion newydd ar y Swyddfa Bost yng Ngors-goch, pâr o'dd wedi symud o Loegr i fyw, a gan 'u bod nhw wedi 'ngweld i wedi parco o fla'n y ciosg yn neud dim ond aros yn y car am chwarter awr, wel, o'dd hynna ddim yn edrych yn reit iddyn nhw ac fe ffonon nhw'r heddlu i weud bod 'na fachan amheus yn iste mewn car y tu fas i'w Swyddfa Bost nhw, ac ro'n nhw'n ofni mai rhywun ar berwyl drwg o'n i ac ise dwgyd o'r swyddfa. Trwy lwc a bendith, nid dyna pam o'n i 'na, ond dyna'r agosa wi wedi dod i dreulio noson yng ngorsaf yr heddlu yn Llanbed ... hyd yn hyn.

Yn y jobyn 'ma, dwi wedi bod ar ganno'dd o ffermydd – ac ma'n rhyfedd mor wahanol ma ffermydd yn gallu bod i'w gilydd. Dwi'n mynd i ambell ffarm, ac fe fydden i'n gallu byta 'nghino oddi ar lawr y clos yno. Ond ar ambell i ffarm arall, weithie does dim gobeth o weld y clos yng nghanol yr holl ddom a'r annibendod sy 'na hyd yn oed.

Dwi'n cofio i fi fynd i un ffarm unwaith o'dd â'r hyn fydden i'n galw'n *collecting yard* 'da nhw, sef ardal lle fydde'r gwartheg yn ymgasglu cyn mynd i'r parlwr i'w godro. Y diwrnod arbennig yma, do'dd 'na neb gartre ar y ffarm a dyma fi'n agosáu at y *collecting yard* a rhyfeddu at gyment o ddom o'dd 'na. Dwi'n meddwl bod siŵr o fod tua deuddeg modfedd o ddom ar lawr, a'r fuwch o'dd yn gofyn tarw yno mewn cornel yn sefyll yng nghanol y mochyndra. Gan bo fi 'na ar 'y mhen 'yn hunan, fe dries i fynd draw at y fuwch, a'i chwrso er mwyn 'i hala hi i mewn i'r parlwr er mwyn rhoi'r tarw iddi. Tra bo fi wrthi'n trial neud hyn yn wyllt i gyd, ro'n i'n teimlo'n hunan yn suddo … a do, fe suddes dros fy welintons a mhenglinie mewn deuddeg modfedd o ddom da. Ro'dd y ffarmwr wedi anghofio rhoi grât 'nôl dros dwll yn yr iard gasglu, ac ro'dd yn rhaid i fi, o bawb, gwmpo mewn i'r twll 'ny! Do'dd y car ddim yn arogli y gore y prynhawn hwnnw alla i'ch sicrhau chi, ond o'dd dim tamed o ots 'da fi am hynny achos yr hyn o'dd yn cownto fwya o'dd bo fi wedi dod o 'na mewn un pishyn. Allen i'n rhwydd fod wedi torri 'y nwy goes. Ych-a-fi!

Ar un ffarm ger Aberystwyth, dwi'n cofio i'r ffarmwr roi dwy fuwch o'dd angen tarw yn y boudy, ac ar ôl i fi gyrradd dyma fi'n 'i weld e yng nghanol môr o ddom da, yn rhofio'r dom naill ochor er mwyn creu llwybr bach cul i gyrradd y fuwch gynta. Bant â fi ar hyd y llwybr di-ddom at y fuwch. Ar ôl rhoi tarw i honno, dyma'r ffarmwr yn gafel yn 'i raw 'to, ac yn clirio'r dom unwaith yn rhagor er mwyn neud llwybr arall i fi gyrradd y fuwch arall. 'Esgusoda'r *mess*,' medde fe wrtha i. 'Wy'n mynd i fynd ati heddi nawr i lanhau'r lle.' O reit, medde fi.

   Ond bythefnos wedyn, dyma fi'n galw ar y ffarm unwaith 'to ac ro'dd llawn cyment, os nad mwy, o ddom yno bryd 'ny. A wedodd e ddim byd am y *mess* tro 'ma.

Sheri a *day-trip*

Ma'n braf ca'l dathlu achlysuron gwahanol gyda chwsmeried hefyd, ma'n deimlad da ca'l bod yn rhan o'r cerrig milltir pwysig ym mywyde pobol. Ar ymweliad ag un ffarm ryw ddydd Sul, ro'dd y pâr o'dd yn byw 'na wedi dathlu trigen mlynedd o fywyd priodasol gyda pharti y noson gynt. Dyma'r wraig yn dod mas i'r clos ata i gan ddweud, 'Aneurin, ma'n rhaid i chi ddod mewn i helpu ni i ddathlu. Gewch chi lased bach o sheri 'da ni.'

Nawr, dwi ddim yn yfwr mowr o gwbl, ac anamal iawn fydda i'n yfed sheri – dim ond gwydred bach adeg y Nadolig falle. Dyma fi'n gweud wrthi bod dim llawer iawn o amser 'da fi, ond gan 'i bod hi'n achlysur pwysig iddyn nhw a do'n i ddim ise ymddangos yn od, i mewn â fi i'r tŷ i ga'l gwydred o sheri felly. Fe eisteddes i wrth y tân, a dyma'r wraig yn ymddangos â gwydred anferthol o sheri yn 'i dwylo. O'dd e'r un seis â bwced bron â bod … Ro'n i'n cadw llygad ar y cloc hefyd gan weld bod yr amser yn mynd yn 'i fla'n, ro'dd yn rhaid i fi adel yn weddol neu fe fydde 'na ffermwyr go anniddig yn holi i ble ro'n i wedi mynd. Yr unig ffordd y gallen ni adel y tŷ y diwrnod 'ny fydde drwy yfed y sheri bob dropyn – a dyna wnes i – a'th lawr ar 'i ben mewn un llwnc! Dyna'r cyflyma dwi wedi yfed sheri erio'd wy'n credu. Mas â fi o'r tŷ wedyn, ac erbyn cyrradd y car, wel o'n i'n teimlo 'mhen i'n troi i gyd. A phan ddreifes i mas drwy gât y clos, fe weles i ddwy gât yn lle un. Ro'dd hi'n sobor o wers ddifrifol i fi i beido ag yfed sheri mor ffast â 'ny 'to.

Fe fyddwch chi'n falch i glywed 'mod i'n ca'l cynnig diodydd meddal ar ffermydd o dro i dro hefyd. Ro'dd Gog o ffarmwr yn un o 'nghwsmeried i ar un adeg, a dyma fi'n cyrradd y ffarm un bore, wedi bennu 'y nyletswydde yno, a dyma fe'n gofyn i fi, 'Fysach chi'n lecio panad o goffi, Mistar Davies?'

'Wel na, dim diolch,' o'dd fy ymateb i. 'Ma 'na fwy o ffermydd 'da fi fynd iddyn nhw 'to.'

'O dowch rŵan,' medde fe 'to. 'Fyddwch chi ddim yn rhy hir yn yfad panad o goffi. Dowch i mewn i'r tŷ, mi dduda i wrth Misus rŵan am neud coffi i ni.'

Ro'dd yn rhaid ildio felly, ac i mewn â ni i'r tŷ. Ac wedi cyrradd y gegin, dyma'r ffarmwr yn gweud, 'Misus, ma Aneurin yn gofyn a gaiff o banad o goffi. Gnewch banad i ni, wnewch chi plis?'

Ro'dd e wedi troi'r stori i'w wraig, gan awgrymu mai *fi* ofynnodd am ga'l coffi. Fydden i wedi neud y tro heb ddiod wrth gwrs, ond dwi'n ame bo nhw ddim yn arfer ca'l coffi yn y cartre 'ma heblaw pan fydde fisitors yn cyrradd. Ac ro'dd 'yn ymweliad i'n ddigon o esgus i'r ffarmwr fynnu ca'l coffi, whare teg.

Dwi wedi trafaelu ar hyd canno'dd o hewlydd bach cefen gwlad gyda 'ngwaith yn ystod y degawde dwetha a bob dydd fe fydda i'n paso sawl cymeriad diddorol yr olwg yn cerdded o le i le. Fydda i byth yn cynnig lifft i neb, achos ddigwyddodd rhwbeth digon rhyfedd i fi unwaith. Bydde'n anoddach arna i erbyn heddi i gynnig lifft i unrhyw un ta beth am mai fan bwrpasol ar gyfer y gwaith sydd 'da fi – a 'sdim lot o le ynddi ar gyfer cario neb arall. Ond un diwrnod yn ystod y dyddie cynnar hynny pan mai car o'dd 'da fi, ro'n i'n dreifo trwy bentre bach Bwlch-llan ac yn mynd tuag at Langeitho. Yn cerdded ar ochor yr hewl yn y fan honno ro'dd menyw benfelen yn bodio, yn amlwg yn whilo am lifft. Y diwrnod hwnnw, ro'n i'n teimlo'n garedig, felly dyma fi'n stopo 'nghar ac fe dda'th hi mewn i'r car ata i. Do'dd hi ddim yn gallu siarad Cymrag, ac fe gymres i mai ise lifft i bentre Llangeitho o'dd hi. Nawr, 'sdim llawer iawn o rowndabowts yng nghefen gwlad Cymru, ond ma pentre Llangeitho yn eitha anarferol yn hynny o beth achos ma 'na rowndabowt reit fowr yn y canol. Wrth gyrradd y rowndabowt, dyma fi'n gofyn i 'mhasenjer newydd, 'Is there anywhere particular you want to get out?' Ei hymateb hi o'dd, 'No, I'm alright, thank you.' Ac eisteddodd hi 'nôl yn gyfforddus reit.

'Ôlreit?!' wedes i wrtha i'n hunan. Dyma fi'n dachre whysu ar ôl iddi weud hynny, ac ro'dd yn rhaid i fi ddreifo rownd y rowndabowt ryw dair gwaith er mwyn trial penderfynu beth fydden i'n neud. Dyma fi'n penderfynu mynd â hi mla'n 'da fi i'r ffarm nesa yn y diwedd am nad o'dd llawer iawn o amser 'da fi i wastraffu. Ar ôl cyrradd y ffarm nesa, dyma'r ffarmwr yno'n gofyn, 'Beth yw'r fenyw hyn 'sda ti 'te?'

'Wel y jiw jiw, sai'n gwbod,' medde fi. 'Rhywun godes i lan ar ochor hewl yn Bwlch-llan o'dd hi. Sai'n gwbod pwy yw hi.'

Dyma fe'n wherthin ar 'y mhen i am 'y mod i wedi codi rhyw fenyw nad o'n i'n gwbod o ble o'dd hi wedi dod na chwaith i ble ro'dd hi am fynd!

Wedes i wrtha i'n hunan wedyn, ma'n siŵr 'i bod hi am fynd i Dregaron, felly, lawr â fi drwy Ben-uwch ac i lawr am Dregaron – a'r fenyw ddierth 'ma'n dal i iste wrth fy ochor i'n gweud dim. Fe stopes i'r car y tu fas i westy'r Talbot, ger cof golofn Henry Richards, ac fe ofynnes i'r fenyw 'to, 'Do you want to get out *here*?'

'No, no, I'll come with you,' medde hi eto.

O edrych 'nôl, fe ddylen i fod wedi gweud wrthi am fynd mas yn Nhregaron a dyna fydde'i diwedd hi, ond am ba bynnag reswm, wnes i ddim, a do, fe dda'th hi gyda fi i ffermydd er'ill, a phan dda'th hi'n amser cino, gorffes i rannu sanwejys fy nhocyn bwyd 'da hi. Ro'dd hi'n dal yn dawedog iawn ond yn amlwg yn joio'i thrip.

Fe es i drwy Lanbed a do'dd hi ddim am fynd mas yn y fan honno, nac yn Llanybydder chwaith. Yn digwydd bod y diwrnod 'ny, ro'dd yn rhaid i fi fynd ar neges i'r ganolfan tarw potel yng Nghaerfyrddin, felly dyma hi'n dod mor bell ag ysbyty Glangwili gyda fi. Fe barces i'r car yng Nglangwili gan weud wrthi bod yn rhaid iddi fynd mas o'r car fan hyn am 'y mod i'n mynd i weld wncwl i fi o'dd yno'n sâl. Do'dd 'da fi ddim wncwl yn yr ysbyty wrth gwrs, ond mas â hi o'r car er hynny.

Fe gloies i'r car a mewn â fi i dderbynfa'r ysbyty. Fe fues i'n edrych arni drwy'r ffenest o'r dderbynfa er mwyn neud yn siŵr 'i bod hi wedi mynd, ac unwaith ddiflannodd hi fe redes inne 'nôl i'r car a dianc o na'n go glou! Rhyddid o'r diwedd! Deimles i mai hwnnw o'dd un o'r mistêcs mwya dwi wedi'u gneud yn fy ngwaith erio'd – a do'dd dim buwch yn agos!

Byth ers 'ny, sai wedi rhoi lifft i neb sy'n cerdded ar ochor yr hewl, rhag ofan.

Wrth siarad mewn noson gyda chriw cymdeithas Hwyl a Hamdden Felin-fach yn ddiweddar, fe ges i wbod bod rhai yn gwbod pwy o'dd y fenyw 'ma ac ma'n debyg 'i bod hi'n neud yr un peth yn amal gyda gyrwyr lori neu yrwyr tanceri llaeth yn y gobeth o ga'l taith fach i lenwi'i dydd! Sai'n siŵr beth yw 'i hanes hi erbyn heddi …

Fe ges i alwad ffôn gan ffarmwr un diwrnod, 'Ma buwch 'da fi mewn crysh ar y ffarm ar ochor yr hewl, allwch chi ddod draw

i roi tarw iddi? Gyda llaw, sai'n gallu bod 'na, ond fi 'di rhoi'r
fuwch 'na'n barod i chi.'

Fe gytunes i, wrth gwrs, er o'n i ddim yn hollol hapus na fydde
neb yno i helpu, a bant â fi. Ar ôl cyrradd y ffarm, dyma fi'n mynd
draw i'r fan lle'r o'dd y crysh yn arfer bod, ond do'dd dim sôn
am y crysh a do'dd dim sôn am y fuwch chwaith. Do'n i ddim yn
siŵr beth o'dd wedi digwydd ac o'n i ar fin troi ar 'yn sawdl tan i
fi weld ôl carne buwch yn y ddaear ar bwys a dyma fi'n dilyn olion
y carne drwy'r ca' ac yna yr holl ffordd lawr i waelod y ca', a dyna
lle'r o'dd y fuwch a'r crysh! Do'dd dim gwaelod i'r crysh ma'n
amlwg, ac ro'dd y fuwch wedi llwyddo i grwydro o'r clos gyda'r
crysh o'i chwmpas hi a chyrradd gwaelod y ca'!

Fydde pob brid o fuwch ddim yn gallu ffito mewn crysh,
cofiwch. Ma'r ffrâm fetel 'ma'n iawn i ddala'r rhan fwya o
wartheg tra fydda i wrthi'n rhoi tarw iddyn nhw, ond nid buwch
yr Ucheldir, sef y gwartheg Highland. Os ry'ch chi wedi gweld un
o'r gwartheg hyn o'r bla'n fyddwch chi'n gwbod mai buwch fach
yw hi ar y cyfan. Un fach, gyda chot oren hir ac yn amlach fyth â
dou gorn hir ofnadw. Fe fydde hi'n dipyn o job ca'l un o'r rhain i
mewn i crysh oherwydd hyd a lled y ddou gorn. Fe fyddwn ni fel
technegwyr yn trin y math 'ma o wartheg yn amal, gan bod mwy
o ffermwyr yn 'u cadw nhw erbyn hyn. Ry'n ni wedi profi ar hyd
y blynyddo'dd mai'r ffordd ore i ga'l buwch yr Ucheldir i sefyll
yw aros o'i bla'n hi a gwasgu 'i chyrn am i lawr. Ma'n siŵr o sefyll
yn llonydd drwy neud 'ny, ac erbyn heddi ma 'na grysh sbeshal
ar ga'l yn arbennig ar gyfer dal gwartheg Highland, ond pan es i
draw y diwrnod hwnnw o'n i ddim mor lwcus.

Fe stryffagles i gyda'r fuwch ac fe gafodd hi darw yn y diwedd,
ond dim diolch i'r crysh.

Amynedd a digon ohono

Ma ise tipyn o amynedd ar ddyn tarw potel ambell waith yn enwedig wrth ddelio 'da gwahanol gymeriade. Dwi'n cofio ymweld ag un ffarmwr oedrannus, hen lanc saith deg pum mlwydd oed o'dd yn byw mewn byngalo ar y ffordd i lawr y lôn o'i ffarm. Dyma gymeriad cyfrwys os buodd un erio'd. Ro'dd e'n hoff iawn o fy atgoffa i o hyd fod angen fy help i arno fe am 'i fod e'n hen. Y bore hwn, ro'n i wedi cyrradd y tu fas i'w dŷ, a chyn i fi allu dod mas o'r car, dyma fe'n gweud, 'Nawrte, Defis, ry'ch chi moyn dŵr twym, sebon a thywel on'd dych chi?'

'Wel, odw,' medden inne 'nôl wrtho fe, am mai dyna fydde'n digwydd fel arfer er mwyn i fi ga'l glanhau fy welintons, fy nghlogyn a 'nwylo ar ôl bennu'r gwaith.

'Reit, wel sefwch chi fan'na,' medde'r hen lanc. 'Pidwch â dod mas o'r car nes bo fi wedi dod 'nôl.'

A bant â fe 'nôl i'r byngalo i hôl yr offer ro'dd angen arna i, gyda rhyw hen sach anniben ar 'i gefen. Fe fues i'n iste yn y car am yn agos i ddeng munud wedyn, ma'n siŵr, yn aros i'r hen lanc ddod 'nôl. Fe dda'th i'r amlwg mai berwi dŵr mewn hen degyl cast mowr uwchben y tân agored yn y tŷ o'dd e wedi bod yn neud ac ro'dd hwnnw'n cymryd tipyn o amser i ferwi!

Wedi iddo fe ddod 'nôl mas ata i i'r clos, dyma fe'n gofyn, 'Nawrte Defis, pwy darw gaf i i'r fuwch 'ma heddi? Tarw du Cymreig dwi'n meddwl gaf i 'da chi …' Dyma finne wedyn yn mynd i'r fflasg o'dd yn cadw'r had, i hôl had tarw du Cymreig.

Pan fydd yr had yn ca'l 'i dynnu o'r fflasg a'i roi mewn dŵr poeth i'w dwymo, yna does dim modd 'i rewi 'to.

'O na,' medde'r hen lanc wedyn. 'Sai'n credu ga i hen *Welsh Black* nawr. Dewch â tarw Limousin i fi.' Fe a'th had y tarw du Cymreig yn wastraff felly a dyma fi'n gofyn i'r ffarmwr, 'Odych chi'n siŵr mai tarw Limousin y'ch chi mo'yn nawr?'

'Wel, na, well i fi ga'l tarw Hengffordd siŵr o fod. Ma rheiny'n lloia'n well na Limousin!'

Erbyn hyn, ro'n i'n dachre colli amynedd, a medde fi, 'Wel 'se'n dda 'da fi 'se chi'n penderfynu pa darw licech chi. Ma'n costio i wastraffu'r holl had 'ma, chi'n gwbod?'

Cytunwyd yn y diwedd mai tarw Hengffordd ro'dd y fuwch hon am 'i ga'l, beth bynnag, a bant â ni i whilo amdani.

'Nawrte Defis bach, gwrandwch, sai wedi dod mewn â'r da o'r ca' 'to. Cewch i'r sied fan'co nawr i hôl cwpwl o fangls, achos wy'n hen, cofiwch.'

Ro'n i'n ddigon dwl i wrando ar y cyfaill, a mangls fydde'r unig ffordd i ga'l y gwartheg i ddod aton ni. Felly, bant â fi a'r mangls gyda fi lawr i'r cae at y gwartheg. Fe roies i nhw ar y porfa er mwyn i'r gwartheg ga'l 'u gwynto. Ro'n i wedi ca'l ordors i bido â gadel iddyn nhw fyta'r mangls, dim ond 'u defnyddio i ddenu'r gwartheg i'r clos. Yn lwcus iawn, fe weithodd y tric beth bynnag a dyma nhw'n 'y nilyn 'nôl i'r ffarm, ac fe es ati i glymu'r fuwch o'dd yn wasod yn ôl y ffarmwr. Fi o'dd yn gorffod clymu'r fuwch, cofiwch, am 'i fod e'n 'hen' fel ro'dd e mor barod o weud wrtha i! Wrth i fi roi tarw i'r fuwch o'n i'n cymryd o'dd yn wasod, fe sylweddoles i bod llo ynddi'n barod. A phan wedes i hynny wrth y ffarmwr, medde fe, 'Jiw, ody hi? Rhaid bo fi wedi neud mistêc de ...'

Nawr, dwi'n berson reit amyneddgar fel arfer, ond ro'dd yr

holl berfformans hyn i gyd yn fy nhesto i i'r eitha heddi. Dyma
fi'n awgrymu wrtho fe am adel y gwartheg mas i gyd a phan
fydde fe wedi gweld y fuwch o'dd yn wir yn gofyn tarw, iddo fe
gysylltu â fi 'to fel y gallen i ddod 'nôl i'w neud hi fore tranno'th.
Ond yr ymateb ges i o'dd, 'Machgen i, os wy'n talu chi i ddod
mas i roi tarw i fuwch – chi'n 'i neud hi heddi.' Felly, fe aethon
ni ati i drio whilo'r fuwch o'dd yn gofyn tarw ac yn y diwedd fe
ddaethon ni o hyd iddi.

Pan o'n i ar fin gadel, dyma fe'r ffarmwr yn gweud wrtha i
'to, 'Nawrte Defis, dewch 'da fi cyn i chi fynd nawr. Ma ise rhoi
dôs i ambell un o'r da 'ma.'

'Beth ych chi'n feddwl, rhoi dôs?' medde fi'n ddiniwed reit
wrtho fe.

'O, wel, ma ise doso rhai ohonyn nhw rhag y ffliwc. Chi'n
gweld Defis bach, dwi'n hen, felly fydden i'n hynod ddiolchgar
'se chi'n gallu'u doso nhw i fi.' Wel, o'dd wyneb 'da hwn!

Beth allen i neud? Bant â fi felly i roi dôs yr un i'r gwartheg
i'w diogelu nhw rhag llyngyr yr afu. Ac wedi gorffen hwnnw,
dyma fi'n mynd 'da fe 'nôl i'r tŷ er mwyn ca'l 'y nhalu am y tarw
o'n i wedi'i roi i'r fuwch yn gynharach y diwrnod 'ny. Wrth i ni
gyrradd y tŷ, fe dda'th i'r amlwg fod y ffarmwr bach wedi cwato
allwedd y tŷ yng ngwaelod yr ardd yn rhywle, a do'dd e ddim
am i fi wbod ble'n union ro'dd yr allwedd yn ca'l 'i chadw.

'Trowch eich cefen nawr, plis, Defis,' medde fe, a dyma'n fi'n
dachre wherthin gyda hynny achos bo fi ddim yn credu beth
o'dd yn digwydd i fi. Wel, 'do'dd e ddim yn rhy hapus mod
i'n wherthin chwaith. 'Pidwch chi â pipo Defis. Fi 'di gweud
wrthoch chi un waith – trowch rownd!' medde fe'n ffyrnig. Ond
ro'dd yn anodd i fi beido wherthin, ro'dd y cyfan mor ddoniol
erbyn hynny.

Ar ôl mynd i'r tŷ i ga'l 'y nhalu, ro'n i siŵr o fod 'na am ryw chwarter awr yn hirach yn aros iddo fe ga'l gafel ar ddigon o arian mân i 'nhalu i am 'y ngwasaneth. A fues i ddim balchach yn 'y myw o ga'l gadel yr un lle yn fwy na'r ffarm honno y diwrnod 'ny! Wrth edrych 'nôl heddi, sai'n siŵr beth gododd yn 'y mhen i i aros yno mor hir yn helpu, ond ma'n rhaid 'mod i'n teimlo trueni dros y dyn oedrannus, a ddim ise meddwl amdano'n gorffod neud y gwaith hyn i gyd ar 'i ben 'i hunan.

Yn rhyfedd iawn, ma casglu'r arian am y gwasaneth dwi'n 'i roi wedi profi'n dasg â hanner dros y blynyddo'dd. Ma ise tipyn o amynedd ar gyfer neud hynny hefyd. Ar y dachre, wrth gwrs, fe fydden i'n casglu gyment ag y gallwn i o bob ffarm a mynd â'r cwbwl 'nôl i'r ganolfan lle bydde'n ca'l 'i brosesu. Un swyddfa ganolog yn Lloegr sy'n neud y cyfan heddi a hynny ar ffurf anfonebe, ond ma'n dipyn o job i ga'l pawb i dalu'n brydlon o hyd, cofiwch.

Dwi'n cofio mynd i un ffarm o'dd wastad yn ben tost i fi o ran ca'l 'y nhalu am y gwaith. Alwes i 'na ryw amser cino un diwrnod, a dyma'r wraig yn dod i gwrdd â fi wrth ddrws y tŷ. 'Aneurin, dyw e ddim 'ma heddi, chi newydd 'i golli e, ma fe newydd fynd i'r mart. Galwch chi 'nôl fory nawr, fe fydd e'n siŵr o fod gartre bryd 'ny.'

Pan gnoces i'r drws drannoeth, dyma'r wraig yn ateb eto. 'Ooo, chi'n anlwcus heddi 'to, Aneurin bach. Ma fe wedi mynd bant i'r dre nawr 'to a'r *chequebook* gyda fe.'

Fe alwes i yno'r diwrnod wedyn hefyd, a'r un o'dd y stori eto fyth gan y wraig, ond medde hi y tro hyn, 'Dewch chi 'ma ddydd Sul, fyddwch chi'n garantîd o'i ddal e gartre bryd 'ny, achos 'sdim lot yn mynd mla'n 'ma!'

Ac fel 'ny fuodd hi. Alwes i yno ddydd Sul ac yn wir, fel ro'dd 'i wraig wedi gweud wrtha i, ro'dd y ffarmwr bach gartre, a newydd fennu'i gino. Dyma fe'n dod i gwrdd â fi wrth y drws, a medde fe, 'Gwranda 'ma, sai erio'd wedi talu neb am ddim ar ddydd Sul, a sai'n mynd i ddachre chwaith.'

A gadel yno'n waglaw o'dd fy hanes i'r diwrnod 'ny hefyd. Falle bo 'na sail go iawn i'r dywediad hwnnw ein bod ni'r Cardis yn rhai tyn, wedi'r cwbwl ...

Fe ddysges i'n ddigon clou beth o'dd rhai o'r trics y bydde ambell i ffarmwr yn hoff o'u whare er mwyn osgoi talu am y gwasaneth tarw potel ro'n i'n 'i roi. Ar ôl bod ar ffarm un ffermwr di-Gymra'g un diwrnod, fe ofynnes i iddo fe wrth i fi lenwi'r gwaith papur yn y car shwt lice fe 'y nhalu i. 'I'll pay you by cash now,' medde fe, ac wedi i fi nodi ar y papur 'Paid with cash', dyma fe'n mynd â'r papur i'r tŷ er mwyn mynd i hôl yr arian i fi. A'th rhyw chwarter awr heibio a do'dd dim sôn am y ffarmwr yn dod 'nôl i dalu'i ddyled. Fe es i gnoco ar ddrws y tŷ er mwyn ca'l rhyw fath o ymateb, ond ro'dd y drws wedi'i gloi, a'r ffarmwr yn cwato tu fewn yn rhywle, siŵr o fod.

Gan mod i'n barod wedi sgrifennu ar y gwaith papur fy mod i wedi ca'l 'y nhalu mewn arian parod am y gwaith, a'r ffarmwr yn amlwg yn pallu talu, do'dd 'da fi ddim dewis ond talu am y gwasaneth mas o 'mhoced 'yn hunan. Ac ro'dd honno'n wers ddrud i fi beido ag ymddiried ym mhob un o 'nghwsmeried i. Diolch byth, ddigwyddodd dim byd tebyg i fi wedi hynny. Falle 'mod inne'n trial neud yn siŵr hefyd nad o'n i'n ca'l fy rhoi mewn sefyllfa debyg 'to.

Ma ambell i ffarmwr wedi gofyn i fi weud celwydd ar 'u rhan nhw ambell waith hefyd. Pan es i gasglu arian wrth un ffermwraig un tro, dyma hi'n gweud wrtha i, 'Cewch chi 'nôl nawr, Aneurin, a gwedwch wrth y bòs 'na sy 'da chi bo chi ddim wedi gweld neb pan ddaethoch chi 'ma!'

Fe fydd ambell i ffarmwr wedyn yn trial cwato faint o arian sy 'da nhw, gan neud iddyn nhw'u hunen swno'n dlotach nag y'n nhw go iawn. Dwi'n cofio ar un adeg ro'dd 'da fi had dou darw go sbeshal i'w gynnig i ffermwyr i'w brynu, a'r had hynny'n dod o'r teirw Grove Illustrious a Grove Speculator o ffarm y Grove, Sanclêr. Pris pob gwelltyn o'dd yn cynnwys yr had o'dd £10, ac fe gelon ni ryw ddeunaw miliwn o wellt o had mas o'r Grove Speculator. O'dd, ro'dd hwnnw'n dipyn o darw! Fe gynigiodd un cwsmer o'dd 'da fi – gwraig yn byw ar 'i phen 'i hunan a golwg reit dlawd arni – £5 yn 'y mhoced i fi roi had Speculator iddi'n answyddogol, yn lle ordro had pris llawn 'da fi. Ond allen i byth â neud, wrth gwrs. Pan fuodd y fenyw fach honno farw, dwi'n cofio darllen yn y papur 'i bod hi wedi gadel dros filiwn a hanner o bunno'dd ar 'i hôl! Serch bod hi wedi edrych mor ddira'n ar hyd 'i ho's, fe alle hi fod wedi prynu sawl Grove Speculator 'da fi am y pris llawn 'se hi mo'yn! Ond dyna ni, ma golwg pobol yn gallu bod yn dwyllodrus iawn.

O's, ma ise amynedd ambell waith.

Yr hen ffordd Gymreig o fyw?

Fe ddes i gyfarfod â sawl cymeriad yng nghefen gwlad fydde'n byw ar eu pen 'u hunen, ac ambell waith fe fydden i'n gweld gwir dristwch 'u sefyllfa. Ar rai ffermydd fe fydde 'na ambell i hen lanc yn byw wedi etifeddu'r ffarm gan 'u rhieni ac yn dal i ddygnu byw yno flynydde'n ddiweddarach. Nid dynion ifanc fydde'r rhain o bell ffordd, ond ffermwyr fydde wedi cyrradd ymhell dros oed yr addewid ac yn 'i cha'l hi'n anodd ca'l dou ben llinyn ynghyd. Fydden i'n gweld tipyn o olwg ar sawl ffarm, gyda thlodi, anobaith neu ddifaterwch yn amlwg, ac fe fydde hynny'n fy nhristáu i. Bydde er'ill wedyn yn byw ar 'u pen 'u hunain ac yn dal i fyw yn null yr oes a fu ond mor hapus ag y gallen nhw fod.

Dwi'n cofio mynd i un ffarm lle ro'dd 'na hen ferch yn byw – menyw fydde byth wedi meddwl am briodi, ond un o'dd yn hapus reit yn byw ar 'i phen 'i hunan. Ro'dd hi'n cadw defed a gwartheg, ac yn neud yr holl waith o ffarmo ar 'i phen 'i hunan hefyd. Ro'dd hon yn dipyn o gymeriad, ac ro'dd pob ymweliad â'r ffarm hon yn ddifyr iawn achos byddwn i, unwaith eto, yn ca'l gwaith i'w neud fydde'n ychwanegol at y gwaith tarw potel. Ac ro'dd yn rhaid i fi neud hyn i gyd fel ffafr fel arfer. Wel, o'n i ffaelu gwrthod, o'n i?

Wrth i fi gyrradd y ffarm benodol 'ma un bore, ro'dd yr hen wraig ar gefen 'i thractor a hwnnw'n amlwg yn pallu dachre. Fe ofynnodd i fi gymryd at yr olwyn tra bydde hi'n hôl 'i Land

Rover er mwyn trial tynnu'r tractor i weld a fydde'n dachre wedyn. Ond, na, fe fuodd ein hymdrechion ni'n ofer.

'Chi'n siŵr bod dîsel ar ôl yn hwn?' medde fi wrthi wedyn. Ethon ni i edrych a dyna o'dd y broblem yn wir. Pan es i edrych yn y tanc, do'dd dim diferyn o danwydd ar ôl. 'Sdim rhyfedd nad o'dd llawer o fywyd yn y tractor y bore hwnnw felly.

Es i yno un tro wedyn adeg wyna, a dyma'r hen wraig yn gofyn i fi, 'Odych chi Aneurin yn gwbod shwt i dynnu ŵyn?'

'Wel,' atebes i, gan ofni beth o'dd hi am ofyn i fi. 'Wy'n gallu tynnu ŵyn fy hunan gartre, odw …'

'O, fyddech chi'n folon tynnu oen un ddafad sydd 'da fi fan hyn, mae'n ca'l trwbwl delifro.' A dyna lle fues i am ryw ddeng munud yn trial neud yn siŵr bod y ddafad yn dod â'r oen yn saff. Ro'dd yr hen wraig wrth 'i bodd – a dwi'n siŵr y bydde hi wedi gallu rhoi cusan fowr i fi y diwrnod hwnnw. Ond dwi'n eitha balch na na'th hi ddim.

Ma'r genhedleth hŷn sy'n dal i ffarmo yn bobol tyff iawn, ma rhai hyd yn oed yn fwy sionc ac yn gryfach na rhai o'r bois ifanc 'ma sy'n penderfynu dod 'nôl i ffarmo ar ffermydd heddi.

Ces alwad un diwrnod i fynd i roi tarw i rai gwartheg Holstein ar ffarm – ma Holsteins yn wartheg godro cryf a thal iawn. Ro'n nhw wedi ca'l 'u clymu mewn ciwbicls, ac achos 'u bod nhw mor dal, do'n i ddim yn gallu'u 'mestyn nhw achos ro'n nhw'n ca'l 'u rhoi ar stepen uchel hefyd. Do'dd dim modd i fi neud 'y ngwaith heb ga'l rhyw fath o stepen fy hunan er mwyn cyrradd y da!

'Oes 'da chi fwced i ga'l alla i ddefnyddio fel stepyn?' ofynnes i'r ddou ffarmwr o'dd yn gwylio hyn i gyd heb gyffro o'r fan. Do'dd dim bwced o unrhyw fath ar ga'l.

'Oes 'da chi fêl bach 'de?' ofynnes i'n obeithiol wedyn, gan feddwl y bydde ca'l un o'r rheiny'n gweitho.

''Machan bach i,' medde'r ffarmwr hyna. 'Odych chi'n gwbod ym mha oes ry'n ni'n byw? So ni'n neud bêls bach 'ma rhagor – BIG bêls sy 'da ni 'ma nawr! Ond weda i wrthoch chi beth wna i, fe a' i lawr ar 'y mhenglinie, a bydd yn rhaid i chi sefyll ar 'y nghefen i tra byddwch chi'n 'u syrfo nhw. Ond peidwch â bod yn hir, cofiwch.'

A dyna shwt fuodd hi. Ma'n rhaid bod y ffarmwr bach 'ma tua wythdeg saith mlwydd oed ac fel ceilog dandi o sionc. A dyma fe'n mynd ar 'i bedwar er mwyn i fi ga'l rhoi tarw i'w wartheg. Ro'dd hi'n foment swreal iawn a fues i ddim yn hir wrthi o gwbwl, fentren i ddim bod. Yn un peth do'n i ddim ise neud niwed i'r dyn bach, ac ar ben hynny, do'n i ddim ise achos llys yn fy erbyn i 'sen i wedi neud niwed i'w gefen e chwaith! Wna i byth anghofio'r diwrnod hwnnw, credwch fi. Allen i fod wedi ymuno â syrcas 'da'r holl bantomeim a'th mla'n y diwrnod 'ny.

Un ymweliad arall fydda i byth yn 'i anghofio yw'r tro pan ges i alwad i ffarm yr hipi 'ma o'dd yn byw ar 'i phen 'i hunan ar bwys pentre bach Llangeitho. Ro'dd hi'n cadw rhyw un neu ddwy fuwch ar bwys 'i thŷ, a bach iawn o le o'dd i ddal buwch yn unman yn y gorlan fach honno. Dyma fi'n awgrymu wrth y wraig mai'r peth gore fydde i ni ddal y fuwch a'i gwasgu hi rhwng y gât a'r clawdd er mwyn 'i cha'l hi'n llonydd i fi ga'l rhoi'r tarw iddi. Ar ôl i ni fod wrthi'n stryffaglu 'da'r fuwch i'w chadw'n llonydd, fe dda'th hi'n amlwg nad o'dd y wraig yn gwisgo unrhyw fath o fronglwm o dan 'i chrys-T. Wrth iddi bwyso dros y gât am rai munude er mwyn dal y gât yn erbyn y fuwch, ro'dd symudiade nerthol y fuwch yn neud i'r gât ysgwyd i gyd ac ro'dd ofan arna i y bydde'r fuwch yn dianc. Ro'n i'n gweiddi ar y fenyw, 'Push

89

harder, push harder!' o hyd, ac fe fydde hithe'n jwmpo mwy
i ddal y gât yn 'i lle rhag ofan bydde'r fuwch yn bolto. Yna'n
sydyn iawn, tra 'mod i'n rhoi tarw i'r fuwch, dyma ddwy fron
fowr yn jwmpo lan o berfeddion y crys-T ac yn lando dros dop
y gât. Slap! Fel dwy stêcen fowr ar gownter bwtshwr. Wel, do'n
i ddim yn siŵr ble i edrych ar y pryd a dries i ngore i beido
â syllu, wir, ond o'dd e'n jobyn caled. Ond ro'dd yn rhaid i fi
gario mla'n â'r gwaith er gwaetha'r ddwy stêcen o'dd yn mynnu
tynnu'n sylw i! Ro'dd y fenyw fach, fowr, yn gorffod gwasgu
shwd gymint yn erbyn y gât i ddal y fuwch yn 'i lle fel nad o'dd
hi'n gallu neud dim am yr hyn o'dd newydd ddigwydd! Druan
â hi … a nhw.

Fe es i ffarm arall un tro lle'r o'dd mam a'i merch yn byw gyda'i
gilydd. Gyrhaeddes i'n reit fore, tua wyth o'r gloch, ac fe sylwes
nad o'dd neb wedi dod mas i gwrdd â fi. Felly dyma fi'n mynd
draw i'r tŷ a chnoco ar y drws. Fe dda'th y fam i'r drws, gan
ymddiheuro mai newydd godi o'dd hi a'i merch, ond y dele'r
ferch lawr nawr i'n helpu i ddala'r fuwch. Yn sydyn, dyma'r ferch
yn tasgu lawr y stâr a dim ond gwn nos byr amdani ac fe a'th i
wisgo'i welintons, a medde hi, 'Oh sorry, I didn't have time to
put my knickers on this morning.'

A mas â hi i hôl y da mewn i fi, a hithe heb ddim amdani
o dan 'i dillad nos! A dwi ddim yn meddwl bod gas 'da hi
chwaith. Dyna dro arall i chi lle do'n i ddim yn siŵr ble i
edrych!

Ro'n nhw ise i fi alw 'na'r diwrnod wedyn hefyd, a finne'n
gobeitho erbyn 'ny y bydde hi wedi cofio gwisgo'r cwbwl
amdani! Pan gyrhaeddes i, ro'dd golwg digon hapus arni, a
dyma hi'n gweud wrtha i, 'It's a big day here today.'

'Oh?' medde fi 'nôl yn ddiniwed. 'What's going on here today then?'

'Well,' medde hi'n cŵl reit, 'the cow is about to have a bull. And our sow is going to have a boar. And the ram is having his pleasure in the field … I'm the only one left …'

Yr unig beth alla i weud wrthoch chi yw 'i bod hi wedi gorffod bod heb 'i phleser y diwrnod 'ny ta beth. Sai'n siŵr beth o'dd wedi codi yn y fenyw, wir.

Ond ma 'na ddigon o rai tebyg mas 'na. Fe ofynnodd un wraig ffarm i fi yn ardal Llangeitho, 'You haven't seen the floorboards in my bedroom, have you?' Wel, yn naturiol, wedes i wrthi nag o'n i, a bod dim amser 'da fi'r bore hynny chwaith, na dim un bore, p'nawn na nos arall, feddylies i wrth 'yn hunan a'i baglu hi 'o 'na.

Dwi wedi ca'l sawl sioc debyg i hynny wrth ymweld â ffermydd ledled y sir 'ma a thu hwnt a hynny gan fenwod yn amlach na neb.

Ar ôl parco'r fan y tu fas i ddrws cefen un tŷ ffarm ryw ddiwrnod, fe dda'th y wraig mas a golwg go wyllt arni.

'Oh, Aneurin,' medde hi'n llawn ffys. 'Tell me, you haven't seen my pussy have you?'

'Good God!' medde fi 'nôl wrthi'n go glou. 'No, well not today anyway!'

Do'n i ddim yn disgwyl ca'l cyfarchiad tebyg i hwnna ges i wrth gyrradd y ffarm y diwrnod hwnnw, a dwi'n wir yn gobeithio iddi ddod o hyd i'r gath yn weddol glou, cyn i neb arall ga'l yr un cyfarchiad ganddi. Dwi'n cymryd mai whilo am y gath o'dd hi …

Dwi'n cofio menyw ddi-Gymra'g o Bontrhydygroes yng ngogledd Ceredigion yn gadel neges llais i fi ar fy ffôn rwbryd hefyd a'r cwbwl o'dd ar y neges o'dd, 'Hello … I need a sperm … Please ring me back …' Dyna beth o'dd neges wahanol. Do'dd hi ddim wedi gadel enw'r ffarm nac unrhyw fanylion defnyddiol arall, ond o'n i'n credu 'mod i'n gwbod pwy o'dd hi. Felly, bore trannoeth dyma fi'n 'i ffonio hi 'nôl gan ofyn iddi'n syth a o'dd hi'n cadw gwartheg cyn bo fi'n mynd i drafod *sperm* na dim arall gyda hi, ac er mawr ryddhad i fi mi o'dd hi, a hi o'dd yr un adawodd y neges fer, diflewyn ar dafod ar 'y mheiriant i, neu fe fydden i wir yn poeni fel arall bod y fenyw fach wedi ffono'r rhif rong a rhywun yn rhywle yn crafu pen am y *sperm*.

Gwbod pa ben yw p'un

Fe synnech chi y nifer o ffermydd bach dwi wedi ymweld â
nhw lle nad oes 'da nhw unrhyw glem shwt i reoli creaduried,
chi'n gwbod, y ffermydd hynny lle ma 'na fewnfudwyr newydd
symud i fyw 'na ac yn trial bod yn 'ffermwyr'. Ma fy ymweliad
cynta i gyd â'r ffermydd hynny'n dangos hynny'n glir i fi bob
tro. Dim bo fi'n rhagfarnllyd na dim, cofiwch.

Fe es i unwaith i ffarm o'dd yn cadw da Henffordd – brid
o wartheg brodorol yng ngwledydd Prydain – maen nhw'n
rhwydd i'w nabod gan bod iddyn nhw liw coch pert, a wyneb
gwyn amlwg iawn.

'The cow's here for you,' medde'r ffarmwr, gan bwynto at
y fuwch Henffordd yn rhydd mewn cae bychan neu ryw fath
o badog, am wn i. Ro'n i'n gwbod yn syth y bydden i'n ca'l
trafferth dala hon – ac fe fydde'n rhaid i ni 'i chlymu hi cyn i fi
allu 'i cha'l hi'n llonydd i roi tarw iddi.

Fe wedes i hyn wrth berchennog y fuwch ond do'dd e ddim
wedi deall o gwbwl bod angen 'i chlymu hi, medde fe, felly
dyma fi'n awgrymu y dyle fe fynd i hôl bwced o gêc neu fwyd
anifeilied fel y gallen ni 'i thwyllo hi i ddod yn nes at y gât er
mwyn 'i chlymu hi wrthi.

Fe dda'th e 'nôl mewn rhai munude yn cario bwced o gêc neu
flawd ceffyl – ro'dd hi'n amlwg 'i fod e'n fachan ceffyle hefyd. Fe
aethon ni ati felly i drial dal y fuwch 'da'r blawd ceffyl fel abwyd
– ond ar ôl tamed bach o gwrso, fe dda'th yn amlwg na fydden
ni'n dod i ben â'i dal hi.

Ofynnes iddo fe wedyn a o'dd ganddo fe goler o ryw fath
y gallen ni roi dros 'i phen hi achos bydde hynny wedyn yn
caniatáu i ni 'i harwain hi at y gât a'i chlymu hi'n sownd.
Gyda hynny, dyma fe'n diflannu 'to gan ddod 'nôl mewn rhai
munude'n cario cyfrwy ceffyl! Ro'n i'n gwbod yn syth ein bod
ni'n mynd i ca'l sbort wrth feddwl am y ffarmwr yn trial dal y
fuwch â chyfrwy ceffyl. Ond wir i chi, 'na beth ddigwyddodd,
fe roiodd e'r cyfrwy ar gefen y fuwch, ond fe gynhyrfodd y
fuwch yn syth druan, achos fe dasgodd a jwmpo o gwmpas am
damed bach cyn 'i baglu hi am ben pella'r cae. Ro'n i'n gwbod
erbyn hynny na fydde'r fuwch fach yma'n llwyddo i ga'l tarw y
diwrnod hwnnw ta beth nelen ni.

Fe gyrhaeddes i un ffarm arall i ddarganfod nad o'dd neb
gartre yno. Ro'dd y tŷ i'w weld yn wag, gyda dim ond y tri chi
defed wrth ddrws y tŷ yn 'y nghroesawu i.

Es i'r drws a chydio yn yr handl er mwyn 'i agor. Ro'dd y
drws yn digwydd bod ar agor, ac wrth i fi bwyso 'mhen mewn
i'r tŷ i weud, 'Helo', dyma'r cŵn defed yn rhuthro mewn ac yn
mynd yn hollol wyllt yn y gegin. Do'dd dim gobeth 'u rheoli nhw
heb sôn am drial 'u ca'l nhw mas o'r tŷ – allen i fod wedi bod 'na
drw'r prynhawn – felly dyma fi'n penderfynu tynnu'r drws ar
fy ôl a gadel y cŵn yn y tŷ. Anghofia i fyth yr olygfa o'r cŵn yn
ffenest y gegin yn cyfarth yn wyllt fel rhyw bethe hanner call a
dwl ac yn edrych arna i'n sgathru o'r ffarm wrth i fi ddianc mas
drwy'r clos a'u llyged yn hollol wyllt. Sai'n lico meddwl beth
ddigwyddodd ar ôl i'r perchnogion gyrradd 'nôl i'r ffarm.

Dwi'n cofio menyw o Wlad Pwyl yn prynu ffarm yng
nghefen gwlad Ceredigion, a thra o'n i draw 'na'n rhoi tarw i'w
buwch un diwrnod dyma hi'n gweud wrtha i, 'You must come
and see the grass on this farm – I have wonderful land.'

Felly, bant â fi i weld 'i chaeau hi ac i weld beth o'dd mor sbeshal am y porfa o'dd yn tyfu 'na. Ond y cyfan weles i o'dd caeau yn llawn brwyn i gyd, fydde'n dda i ddim i unrhyw ffarmwr, wrth gwrs. Ond o feddwl 'nôl, falle bod y tir brwynog yma ro'dd hi wrth 'i bodd gydag e'n llawer gwell na'r hyn yr o'dd hi wedi'i adel ar ôl yn 'i chartre genedigol yng Ngwlad Pwyl. Ro'dd hi'n fenyw garedig iawn, ac fe alwes yno un tro rai wthnose cyn y Nadolig. Dyma hi'n gofyn i fi un diwrnod a licen i ga'l ceilog ar gyfer cinio Nadolig – ac fel Cardi, wnes i ddim gwrthod y cynnig, a diolches i'n fowr iddi.

Ro'n i wedi ca'l ordors i alw 'nôl 'na jyst cyn y Nadolig ac fe fydde'r ceilog yn barod ar 'y nghyfer i. A dyna be wnes i. Rai diwrnode cyn bo disgwl i Santa Clos alw heibo, fe es i â bocs gyda fi i hôl y ceilog yma o'dd wedi'i addo i fi, achos o'n i'n edrych mla'n i'w fyta fe dros yr ŵyl. Es i mewn i'r tŷ a chyfarch y wraig gan weud wrthi hi, 'Hello, I've come for the cockerel.'

'Oh, yes,' medde hi. 'Come with me – the cockerel is out on the yard, waiting for you.'

Do'n i ddim cweit wedi deall mai ca'l ceilog o'dd yn dal i fod yn fyw o'n i, ma'n rhaid i fi gyfadde. Ond dyna ni, byw neu farw, do'n i ddim am wrthod presant mor hael, felly dyma fi â'r Bwyles yn trial mynd ati i ddal y ceilog ar y clos. Fe brofodd hi'n dipyn fwy o ffair nag o'n i wedi'i ddychmygu. Ma'n haws dal buwch na cheilog, credwch chi fi. Fe ddiflannodd y wraig am rai munude ar ôl sylweddoli nad o'dd dal y ceilog yn waith rhwydd ac fe dda'th 'nôl mas i'r clos cyn bo hir yn cario rhwyd bysgota anferth. Yn amlwg, ro'dd hon wedi neud hyn o'r bla'n, a dyma hi'n towlu'r rhwyd dros ran o'r clos – a llwyddo i ddal y ceilog yn y rhwyd. Fe gydiodd hi ynddo fe gerfydd 'i goese, gan weud, 'This is for you … your Christmas present.'

Do'dd 'da fi ddim dewis ond trial cario'r ceilog byw gartre yng nghefen y fan o'dd 'da fi ar gyfer y gwaith. Ma sawl defnydd wedi bod i'r menig plastig glas rwy'n 'u defnyddio ar gyfer rhoi tarw i wartheg fel arfer, y diwrnod hwnnw 'u hiwso fel rhaff i glymu coese'r ceilog wrth 'i gilydd wnes i er mwyn 'i atal rhag symud ambytu'r lle yng nghefen y fan. Fe adawes i'r ffarm yn ddiolchgar iawn am y presant, gyda'r ceilog yn saff yn y cefen.

Yn digwydd bod, ro'dd angen i fi alw yn y ffarm drws nesa hefyd i roi tarw i fuwch yno. Wrth i fi agor drws cefen y fan i fynd at y fflasg had, ro'dd y ceilog rwffordd wedi gallu ca'l un goes yn rhydd o'r faneg blastig las o'dd yn dal 'i goese fe'n sownd, ac yn sydyn, cyn i fi ga'l cyfle i fynd ato fe i glymu'i goese fe 'to, dyma'r deryn yn dianc mas trwy ddrws y cefen nes lando ar glos y ffarm yn blu i gyd. Ond ro'dd cŵn *terrier* y ffarm honno wedi rowndo'r fan erbyn nawr, fel ma llawer iawn ohonyn nhw'n 'i neud pan dwi'n cyrraedd y clos, a dyna o'dd diwedd oes fy mhresant Nadolig i. Fe gwrsodd y *terriers* ar 'i ôl e, jwmpo ar 'i ben e a'i blufio fe fan'ny ar y clos. Druan â'r hen geilog. Do'dd e ddim hyd yn oed wedi ca'l cyfle i gyrradd 'i gartre newydd … sef plât ar fwrdd cinio Nadolig y teulu Davies.

Fe deimles i braidd yn euog pan ges i alwad i fynd i roi tarw i fuwch ar ffarm fach y Bwyles garedig yn y flwyddyn newydd. 'Did you enjoy the cockerel for Christmas?' medde hi wrtha i, a finne wedyn yn gorffod rhaffu celwydde a gweud, 'Oh yes, it was very nice – very tasty indeed.' Tase hi 'mond wedi ca'l gwbod y gwir …

Dwi wedi ca'l fy siâr o brofiade gyda chŵn cas ar hyd y blynyddoedd wrth fynd o ffarm i ffarm. Pan gyrhaeddes i un ffarm ryw fore, es i mas o'r fan a cherdded at ddrws y tŷ i weud 'mod i wedi cyrradd. Wrth i wraig y ffarm agor y drws, dyma gi defed blewog yn rhedeg mas drwy'r drws yn sŵn cyfarth i gyd. Ro'dd 'i ddannedd yn edrych yn ffyrnig, ac fe jwmpodd e'n syth am 'y nghoes i gan dynnu wrth 'y nhrowser nes bod coes 'y nhrowser yn rhwygo'n 'i hanner! Fe ges i dipyn o ofan, ond yn cyfri' hunan yn lwcus na chydiodd yng nghnawd 'y nghoes i. Ro'dd yn well 'da fi golli rhan o 'nhrowser na cholli cwlffyn o 'nghoes i a cha'l cnoiad cas ar y clos. Fydde'r gost yn llawer llai hefyd yn y pen draw – pâr o drowser newydd yn lle cyfnod mewn ysbyty.

Dwi'n cofio un tro fynd i un ffarm yn ardal Llangeitho 'da Andrew Davies o Gaerwedros yn gwmni yn y car. Ro'dd Andrew'n dysgu bod yn ddyn AI ar y pryd, ac yn ca'l dod rownd rhai o'r ffermydd 'da fi i weld beth o'n i'n 'i neud, yn gwmws fel o'n i 'di neud pan ddechreues i yn 1979. Ro'dd hen habit 'da Andrew o adel drws y car ar agor bob tro fydden ni'n mynd i ffarm, ac ar y diwrnod 'ma, pan gyrhaeddon ni 'nôl i'r car ar ôl rhoi'r tarw i'r fuwch, ro'dd hen Jack Russell ewn wedi jwmpo mewn i'r car ac wedi byta'i sanwejys e i gyd. A 'na'r tro ola i Andrew adel drws y car ar agor.

Dwi 'di ca'l cwmni sawl aelod o staff yn y car 'da fi ar hyd y blynyddo'dd. Fe dda'th Eirian Jacob, un o'r secreteris, mas am y diwrnod 'da fi un tro. Ond druan â hi, cha'th hi ddim y profiad gore. Ar ôl i ni gyrra'dd y clos, fe ofynnodd y ffarmwr i fi, 'Pwy yw'r crwt 'ma sy 'da ti de?' Na, do'dd Eirian ddim yn hapus iawn i ga'l 'i chamgymryd am grwt, druan â hi. A sai'n gweld bai arni.

Cŵn defed sy ar y rhan fwya o ffermydd dwi'n mynd iddyn nhw, ond ma 'na ambell frid o gi arall yn ca'l 'u cadw ar ffermydd hefyd, yn debyg i'r Jack Russell barus fuodd yn byta mas o focs bwyd Andrew Davies. Jack Russells o'dd yn teyrnasu

ar ffarm arall dwi'n mynd iddi hefyd ers sawl blwyddyn; ffarm
y ddwy wha'r Jen a Julie Jones, sef Dôlwlff, Alltyblaca ger
Llanybydder. Dwi'n ca'l tipyn o sbort pan dwi'n mynd yno.
Ar un adeg, ro'dd 'da nhw ryw ddafad o'r enw Winnie o'dd
yn pallu cymysgu â'r defed er'ill ar y ffarm. Ro'dd hi'n mynnu
ca'l bod yng nghanol y da bob amser, a 'sdim ots pa mor amal
o'dd y merched yn trial 'i gwahanu hi wrth y gwartheg, ro'dd
hi wastad yn mynd 'nôl atyn nhw. Dyna ble'r o'dd y cŵn Jack
Russell yn lico bod hefyd. Pan fydde'r da yn ca'l bwyd yn y
boudy, fe fydde 'na res o gŵn Jack Russell yn iste mewn gyda
nhw reit yng nghanol y bwyd yn y cafan o fla'n trwyne'r da yn
joio'r cwmni mas draw. Do'n i erio'd wedi gweld dim byd tebyg
– ac ro'dd 'u gweld nhw wastad yn neud i fi wherthin! Ma'n
rhaid i fi ganmol Jen a Julie a diolch yn fowr iddyn nhw ar hyd y
blynyddo'dd hefyd am godi'n gynnar bob blwyddyn i fynd lawr
i'r mart yn Llanybydder i hôl sache gwlân i fi'n barod ar gyfer
y tymor cneifo. O's wir, ma 'da fi gwsmeried da iawn – a diolch
byth bod gan ferched Dôlwlff gŵn sy'n bihafio hefyd!

A ma lot fowr o gŵn er'ill wedi cnoi drwy deiars 'y ngheir
i dros y blynyddo'dd, wedi jwmpo mas o glawdd ar ben ceir,
cnoi'r darne plastig oddi ar y ceir, a halio a thynnu'r *mudguards*
oddi ar y ceir ar adege hefyd. Ma'n syndod 'mod i'n dal yn fyw.
Fe all nifer fowr o ffermwyr Ceredigion gysgu'n dawel bob nos
o wbod bod 'da nhw *guard dogs* gwych ar y ffarm … Cofiwch,
dyw hynny'n ddim un cysur i'r dyn AI druan.

Bys ar byls

Yn ystod y cyfnod diweddar 'ma, ma technoleg wedi dod yn rhan bwysig o'n swydd i. Ers i'r ffôns symudol ddod yn fwy cyffredin, ma'n nhw wedi newid y ffordd ry'n ni'n cyfathrebu â'n gilydd yn llwyr, ac ma'n rhwyddach o lawer erbyn hyn i ffermwyr ga'l gafel arna i, a finne i ga'l gafael arnyn nhw o dro i dro hefyd, os odw i'n ca'l 'y nal 'nôl rwle ac yn gwbod y bydda i'n hwyr.

Fel arfer, fe fydd cwsmeried yn ffono gyda'r nos er mwyn rhoi gwbod 'u bod nhw ise i'r dyn AI alw 'da nhw y diwrnod wedyn. Fe fyddan nhw fel arfer yn gadel neges ar y peiriant ateb, gan roi enw, enw'r ffarm, ac unrhyw fanylion perthnasol er'ill fel rhan o'r neges llais. Un cwsmer sy wedi bod yn ffyddlon iawn i fi ar hyd y blynyddo'dd yw'r cymeriad hoffus Ieuan Jones, Pwllybilwg, Dre-fach ger Llanybydder. Dwi wedi ca'l croeso twymgalon gan Ieuan a Jane bob tro dwi wedi galw 'da nhw i roi tarw i'w gwartheg, ac i ga'l clonc fach dda a chwpaned o de hefyd, pan fydd amser wedi caniatáu.

Fe fydde Ieuan Pwllybilwg yn gadel neges unigryw iawn ar y peiriant ateb bob tro y bydde fe am i fi alw heibo gyda'r tarw potel. Y cyfan fydde fe'n gweud fydde, 'Pwll! Galw!' Ar ôl clywed 'ny, fydden i'n gwbod bod 'na fuwch ag angen tarw ym Mhwllybilwg. Ma ffermwyr yn gadel negeseuon ar y ffôn fel arfer gan gymryd mai fi fydde'n gweitho'r diwrnod canlynol. Ond wrth gwrs, ma'n rhaid i finne ga'l diwrnod bant o'r gwaith

nawr ac yn y man, ac ma 'na dîm o dechnegwyr er'ill yn barod
i weitho mewn gwahanol ardaloedd pan fydd y dyn AI arferol
ar 'i wylie. Un nosweth fe adawodd Ieuan 'i neges arferol ar y
ffôn fel y bydde wastad yn 'i neud. Ond yn anffodus, nid fi o'dd
yn gweitho drannoeth. Y bore wedyn, dyma fi'n ca'l galwad
ffôn gan y technegydd arall yn gweud nad o'dd e'n gwbod ble
o'dd ffarm 'Pwllgalw', nad o'dd e erio'd wedi clywed am y lle!
Da'th hynna â gwên fowr i'n wyneb i, ac ma'n dal yn neud i fi
wherthin heddi pan fydda i'n paso gwaelod lôn y ffarm. Ma ise i
chi nabod eich cwsmeried yn eitha da yn y busnes 'ma.

Dwi wedi ca'l sawl neges llais digon rhyfedd ar y ffôn dros
y blynyddodd, cofiwch. Neges gan ryw fenyw'n gweud, 'Can
you please call, my dear?' Pwy o'dd hi, sai'n gwbod o hyd, er
mor neis o'dd hi. A rhyw ddyn yn gweud wedyn, 'Os na gei di
Aneurin y neges 'ma, allu di ffono fi 'nôl plîs?' Wel, os na fydden
i wedi ca'l y neges, sai'n gwbod shwt o'dd e'n meddwl bo gobeth
i fi 'i ffonio fe 'nôl.

Ma pentre Bethania ar bwys Llan-non yng Ngheredigion yn
enwog am sawl peth erbyn hyn; dŵr enwog Tŷ Nant a chartre
i'r cantorion enwog Gwawr Edwards a'i thad Dafydd. Ond fe
fydda i wastad yn cysylltu Bethania ag un profiad pigog iawn
ddigwyddodd i fi pan alwes draw ar ffarm yno.

Ro'n i wedi ca'l neges ar fy ffôn y noson cyn yr alwad bod
buwch yn wasod ar ffarm ym Methania, ac achos hynny ro'dd
y ffarmwr wedi clymu'r fuwch mewn crysh yn y sied yn barod.
Ro'dd y sied yn dywyll iawn pan es i mewn y tro cynta, ond fe
ddes i o hyd i'r fuwch rhywsut. Fe roies fy llaw ynddi'n ofalus,
fel bydde'n 'i neud bob tro, ac wrth i fi godi 'mhen tamed bach
dyma fi'n ca'l anferth o bigad yn gro's 'y nhalcen nes bo fi'n
tasgu fan draw! Do'n i ddim yn siŵr beth o'dd wedi digwydd

i fi, dim ond 'mod i'n gweld sêr erbyn hyn. Felly dyma ofyn i'r ffarmwr, 'Beth ddiawch o'dd hwnna, achan?'

'O sori,' medde fe. 'Ti'n gwbod beth, ro'dd ceffyl mewn 'ma neithwr ac ro'n i wedi rhoi'r lectric ffens mla'n i'w stopo fe rhag roi 'i ben mewn 'da'r fuwch – a dwi wedi anghofio'i droi e off. Sori Aneurin bach!'

Fuodd e bron â cha'l 'sori' mewn man bach digon poenus 'i hunan ar ôl i fi ddeall be ddigwyddodd – ond dyna ni, dwi'n gorffod cnoi 'nhafod yn amal yn y jobyn 'ma. Bob tro fydda i'n mynd i'r ffarm yna heddi, fydda i wastad yn gofyn i neud yn siŵr bod y ffens lectric wedi'i diffodd cyn i fi fynd yn agos at unrhyw fuwch. Bois bach, gelen i mo 'nghnoi ddwywaith, glei!

Bai ar gam

Ar fy rownds o ddydd i ddydd, 'sdim dal pwy wela i ar glos ffermydd Ceredigion. Dwi wedi gweld ambell i wyneb hynod gyfarwydd, er enghraifft, pan fydden i'n ymweld â ffarm Bwlchwernen Fawr, Llwynygroes ger Llanbed. Ma hi'n ffarm 135 erw wedi'i ffarmo'n organig gan Patrick Holden a'i deulu ers 1973. Erbyn hyn 'i fab, Sam, sy'n cynhyrchu Caws Hafod ar y ffarm, caws wedi'i neud o laeth 'u gwartheg Ayrshire.

Wrth ddreifo lan tua'r ffarm un diwrnod, fe weles ddyn canol oed â gwallt gwyn yn rhedeg ar hyd yr hewlydd cul yno mewn pâr o siorts. Ro'n i wedi meddwl bod 'i wyneb e'n gyfarwydd i fi pan ddreifes i heibo, ond ar y pryd do'n i ddim yn gallu cofio pwy o'dd e. Erbyn i fi fennu 'ngwaith ar ffarm Bwlchwernen, ro'dd y dyn ro'n i wedi 'i weld yn rhedeg yn gynharach yn cyrradd y clos mas o wynt, ond wedi arfer â rhedeg pelltero'dd ma'n amlwg.

Yna, fe gofies i pwy o'dd e, neb llai na'r newyddiadurwr John Humphrys, sydd i'w glywed yn cyflwyno'r rhaglen *Today* ar BBC Radio 4 yn y boreau. Ro'dd e'n dod 'na'n amal i ddianc o brysurdeb Llundain, glei, i aros 'da'i ffrind Patrick. Ac nid John Humphrys o'dd yr unig wyneb enwog sydd wedi bod yn ymweld â'r ffarm ar hyd y blynyddoedd. Fe dda'th David Dimbleby a Linda McCartney ar ymweliad â Bwlchwernen, ond ddim 'da'i gilydd chwaith, ar adege gwahanol ddigwyddon nhw fod yno. Ro'dd Linda McCartney'n dod draw i brynu barlys organig ar gyfer ei phryde bwyd llysieuol. 'Sdim dal pwy welwch chi yn y llefydd mwya annisgwyl yn y byd.

Ma 'na dueddiad yng nghefen gwlad hefyd i feio popeth ar ddyn bach yr AI, os yw ffarmwr yn hwyr i fynd am apwyntiad gyda'r acowntant neu fynd i'r mart – y dyn AI sy'n ca'l y bai am 'i ddala 'nôl. Neu os nad yw'r fuwch yn aros y tro cyntaf – y dyn AI sy'n ca'l y bai y pryd hwnnw hefyd. Fe alle'r rhestr fynd mla'n a mla'n. Ma gwragedd ffarm yn hoff iawn o ddod mas i siarad â dyn yr AI, a dwi wedi sôn am rai ohonyn nhw'n barod.

Dwi'n cofio mynd i un ffarm, a'r wraig yn dod mas ata i am glonc i glywed beth o'dd y newyddion lleol, gan feddwl 'mod i'n gwbod y clecs yn yr ardal i gyd. Dyma'i gŵr hi'n ymddangos o'r sied ac yn gweud wrthi'n eitha pigog, 'O, ma digon o amser 'da ti fynd i siarad â'r dyn AI 'de! Pan ofynnes i ti gynne i fynd i roi llaeth i'r lloi, wedest ti bo dim amser 'da ti, ond ma digon o amser 'da ti i frowlan â hwn!' Dyna i chi deimlad anghyfforddus: o'n i ddim ise dod rhwng gŵr a gwraig am bris y byd.

Ro'n i'n trial neud ffafr ag un ffarmwr o ardal Cwrtnewydd ger Llanbed un dydd achos fe ofynnodd e i fi a o'n i'n nabod rhywun o'dd ise prynu dou geilog 'dag e. Gan bo fi'n trafaelu tipyn bach o'r sir 'ma, feddylies i allen i werthu'r ddou geilog yn eitha rhwydd iddo fe, felly bant â fi. Ro'dd hi'n ddiwrnod braf o haf, dwi'n cofio hynny'n iawn, ac wrth gyrradd pentre Mydroilyn, dyma fi'n stopo ar ben lôn y ffarm o'n i'n mynd iddi nesa, gan bo menyw'n fisi'n gweitho ar forder blode rownd rhyw hen stand laeth. Dyma fi'n agor y ffenest a gweud wrthi'n ddiniwed, 'Shwd y'ch chi heddi? So chi moyn ceilog odych chi?' Fel fflach, dyma hi'n gadel 'i blode, codi o'r llawr â golwg go gas ar 'i hwyneb.

'Ych-a-fi, be sy'n bod arnoch chi ddyn?' medde hi'n siarp. 'Sai'r teip 'na o fenyw. Nawr cewch o 'ma wir!'

A bant â fi'n eitha clou ar ôl ca'l bai ar gam y tro 'ma am siarad yn fochedd 'da'r fenyw fach wrth yr hen stand laeth. Dim ond trial helpu ffarmwr arall mas o'n i, nid ffansïo'n tshansys gyda menwod yr ardal …

Odi, ma'r hen ddyn tarw potel yn ca'l y bai am 'bach o bopeth. Tase'r wraig ffarm yn ffindo mas 'i bod hi'n disgwl babi, dwi'n ame'n gryf mai'r dyn AI fydde'n ca'l y bai am hynny hefyd!

Cofiwch chi, alla i byth a gweud bo fi wedi bod heb fai erio'd. Fe ges i dro trwstan ar ffarm yn Nyffryn Aeron un tro – ac ro'dd yn rhaid i fi weud celwydd gole wrth y ffarmwr gan mai fi o'dd wedi neud annibendod o bethe.

Fe gyrhaeddes i'r ffarm yn y bore, a do'dd neb ar gyfyl y lle, do'dd dim sôn am y ffarmwr, fydde'n dod mas i weud helo wrtha i fel arfer. Bant â fi felly am y parlwr godro i weld sawl buwch o'dd ise tarw y bore 'ny. Ar ôl i fi gerdded lan at y parlwr, fe edryches i lawr ar 'yn welintons a gweld bod rwbeth drostyn nhw – rhyw stwff llwyd yr olwg, fel porej – wrth i fi inspectio'n agosach, ac edrych y tu ôl i fi, o'n i'n gallu gweld ôl fy welintons yn glir yn llwybyr syth drwy ganol sment o'dd yn arwain lan at y parlwr. Sment hollol ffres o'dd e, newydd ga'l 'i roi lawr ar glos y ffarm, weden i. Wel 'na beth o'dd cot o whys! Shwt ar glawr daear fydden i'n egluro wrth y ffarmwr bo fi wedi cerdded drwy'i sment newydd e a heb sylwi tan i fi gyrradd y parlwr? Bydde fe'n meddwl bod colled arna i.

O'dd hi'n banics! Feddylies i mai'r peth gore i neud fydde dianc, a hynny'n syth, cyn i'r ffarmwr ddod 'nôl. Felly bant â fi 'nôl drwy'r sment gwlyb 'to, yn fy hyd am y fan. Fe ddreifes i mas o'r clos yn glou a bant â fi gartre.

Ar ôl cyrra'dd gartre fe olches i'r welintons – o'n i ddim ise i'r sment i seto – a'u newid nhw am bâr arall. Rhai o'dd â grips gwahanol oddi tanyn nhw. Wel, sai'n dwp, odw i? Es i 'nôl i'r ffarm yn syth, achos ro'dd dal ise rhoi tarw i'r da, ac wrth i fi gyrradd y clos y tro hwn ro'dd y ffarmwr yn cyrradd 'run pryd â fi. O'r mowredd, wedes i wrth 'yn hunan, reit, 'co ni off. Llynces i 'mhoer a dyma fi'n 'i holi fe'n ddigon diniwed, 'So, tell me now then, how many cows have you got needing a bull today?' A wedyn bant â ni am y parlwr godro, ac ynte'n gweud wrtha i, 'We'll have to be careful today, Aneurin, we've spent a fortune on laying new cement this morning outside the parlour.' Wel, o'n i'n gwbod 'ny'n barod. Wrth i ni weld ôl tra'd yn y sment gwlyb, dyma'r ffarmwr bach yn gweiddi mewn syndod, 'I don't believe it! Some bastard's been here already and walked through my new bloody cement!'

'Well, good job it wasn't me anyway,' medde fi wrtho fe'n glou. 'I've only just arrived.' A 'na beth o'dd y gwir – newydd gyrradd o'n i – wel, yr ail dro rownd beth bynnag.

O edrych 'nôl, falle ddylen i ddim fod wedi neud beth wnes i ond ar y pryd, ro'dd shwt gymint o gas 'da fi, feddylies i mai dyna'r peth gore i neud. A tase fe wedi ffwdanu rhoi arwydd lan i weud bo sment gwlyb 'na, yna falle fydden i wedi gallu osgoi'r holl annibendod yn y lle cynta. Ond mae'n rhy hwyr codi pais wedi pisho.

A dyna brawf mor gadarn â'r graig i chi nad yw dyn AI mor ddiniwed â 'ny bob tro – mor gadarn â sment beth bynnag.

Dwi wedi cwrdd â sawl pâr priod sy wedi anghydweld o mla'n i yn ystod y trideg pum mlynedd diwethaf, mwy nag y licen i feddwl amdanyn nhw. Fe gyrhaeddes i un ffarm ryw fore, ac ro'dd y gŵr a'r wraig yn dadle achos bo nhw'n ffaelu cytuno pa darw ro'n nhw ise'i roi i'r fuwch. Ro'dd y gŵr ise rhoi tarw Hendffordd iddi, ond tarw Limousin o'dd dewis 'i wraig, ac fe fues yna i am gwpwl o funude'n wotsho'r ddou'n dadle ymysg 'i gilydd am rinwedde'r ddou darw! Ro'dd yn rhaid i fi roi stop ar 'u dadle yn y diwedd, gan ofyn iddyn nhw'n garedig i benderfynu pa darw o'dd y fuwch am 'i ga'l, gan bod rhester hir o alwade er'ill 'da fi i'w neud.

'Rhowch Hereford iddi,' medde'r gŵr yn ddiamynedd. 'Achos fydda i yn fy medd pan ddaw hon â llo!' Do'n i ddim wedi disgwl yr ymateb yna. Ond, fel ma'n digwydd, ro'dd e'n gweud calon y gwir, druan, achos pan dda'th y llo Henffordd, ro'dd y ffarmwr wedi marw ryw bythefnos cyn hynny. Sai'n siŵr a o'dd e'n gwbod 'i fod e ar ddiwedd 'i fywyd, neu os o'dd e'n gyd-ddigwyddiad llwyr, ond ma'n beth rhyfedd i ddigwydd, on'd yw e?

Ar ffarm arall, fe dda'th y wraig ffarm mas o'r tŷ i 'nghyfarch i un diwrnod gan weud, 'Aneurin, licen ni 'sech chi'n neud ffêfyr â fi? Allwch chi weud wrth y gŵr bod yn rhaid iddo fe symud i fyw i'r byngalo?' O'n i'n teimlo mod i ar dir danjerus iawn fan hyn, achos do'dd hwn yn ddim i neud â fi.

Fe ddes i ddeall yn go glou beth o'dd mla'n fan hyn. O'dd y wraig yn trial ca'l 'i gŵr i symud i dŷ arall ar bwys, gan 'u bod nhw wedi ymddeol, er mwyn rhoi cyfle i'w mab a'i deulu fyw yn y tŷ ffarm. 'Os wedwch *chi* wrtho fe, chi'n gweld,' medde hi wedyn, ''falle wrandith e arnoch chi – achos dyw e ddim yn gwrando dim arna i.'

Do'n i ddim am ymyrryd ym mywyd personol y teulu bach yma, gan nad o'n i'n teimlo mai fy lle i o'dd gweud wrth bobol be ddylen nhw fod yn 'i neud neu pido 'i neud. Pan dda'th y ffarmwr ata i mewn rai munude wedyn, fe lynces i 'mhoer a dyma fi'n gofyn iddo fe'n gynnil, 'Pryd chi'n gweud chi'n symud i'r byngalo te?' Ond ches i fawr o ymateb, a diolch byth am hynny, do'n i ddim am fod yn achos ysgariad yn y teulu!

Ma 'na alwade gwahanol wedi codi tipyn o ofan arna i ar hyd y blynyddo'dd, cofiwch. Un o'r mwya brawychus o'dd wedi i fi ga'l galwad un diwrnod i roi tarw i fuwch ar ffarm David a Gwen Davies Gwarffynnon, Silian. Ma David yn fab i Sam Davies, Tyn-lofft, Silian, ac ro'dd y ddou ohonyn nhw 'da fi ar glos y ffarm y diwrnod arbennig 'ma. Yn syth pan roies i'n llaw yn y fuwch, fe sylweddoles i 'i bod hi'n reit dynn. Ar ôl rhoi tarw iddi, dries i dynnu 'mraich mas ond o'n i'n gweld bo fi'n ffaelu. Wel, dyma beth o'dd annibendod nawr – ro'n i'n sownd, yn llythrennol. Erbyn hyn, ro'dd David a Sam wedi dachre wherthin achos bo nhw'n meddwl mai tynnu coes o'n i, neu dynnu braich, falle. Ro'dd David ise mynd i hôl camera o'r tŷ hyd yn oed – bydde wedi bod yn llun sbeshal, siŵr o fod. Ond diolch byth, na'th e ddim yn y diwedd achos fe sylweddolodd y ddou nad mater wherthin o'dd hi. Ro'n i'n gwbod bod pethe'n seriys achos o'n i'n ffaelu teimlo 'mraich i erbyn hyn – ro'dd hi 'di dachre whyddo tu fewn i'r fuwch. Fe ddaeth David a Sam o 'nghwmpas i, gafel yn 'y nghanol ac yna tynnu mor galed ag y gallen nhw, tan i'r fraich ddod yn rhydd yn y diwedd. Ro'dd y fuwch yn amlwg mewn poen druan, yn ôl y sŵn o'dd 'da hi, ond ro'n inne mewn poen hefyd. Prin bod teimlad yn 'y mraich o gwbwl, ac ro'dd 'y mys bawd i wedi troi'n ddu. Ma'n rhaid cyfadde bo fi ddim yn hoff iawn o fynd at y doctor, ac yn wir, es i ddim ar ôl yr anffawd fach hon, ond wrth edrych 'nôl, falle y dylen i fod wedi neud, achos fe gymerodd hi wthnose i 'mys bawd i wella'n iawn.

Ma sawl stori wedi bod yn y wasg ar hyd y blynyddo'dd am y trafferthion ma postmyn yn eu ca'l gan gŵn cas wrth iddyn nhw ddosbarthu'r post. Wel, dwi'n siŵr na fyddech chi'n synnu bod dynion yr AI yn gallu ca'l yr un math o helyntion hefyd. Pan es i at ffarm yn Llanwenog ger Llanybydder un tro, fe ddes i gwrdd â chi Alsatian mowr ar y clos. Ma cŵn Alsatian yn gallu bod yn gŵn ffein ar adege. Ro'dd un 'da fi pan symudes i 'nôl o Aberdâr, ond ro'dd y ci arbennig yma'n amlwg yn 'y ngweld i fel dyn dierth, a do'dd hi ddim yn hir cyn iddo ddangos 'i ddannedd i fi. Ma dannedd Alsatian yn dipyn o seis, yn enwedig pan fyddan nhw'n sgyrnygu'n agos atoch chi. Bob tro fydden i'n symud, fydden i'n gweld mwy o'r dannedd miniog 'na, felly fe gydies mewn picwarch, fel bod arf gyda fi, a dyma fi'n cerdded am 'nôl tuag at 'y nghar, heb gymryd fy llyged oddi ar y ci. A thrwy lwc, fe lwyddes i gyrradd y car heb ga'l y ci'n rhedeg ata i. Sai'n siŵr be fydden i wedi'i neud os na fydde'r picwarch wrth law y diwrnod hwnnw. Ond dyna ni, o leia fe alle'r ffarmwr ga'l cysur yn y ffaith fod 'da fe gi gwarchod hynod effeithiol. Fydde neb yn meiddio mynd i ddwgyd dim o'r tŷ hwnnw ta beth.

Fyddech chi'n meddwl mai'r creadur mwya danjerus fydden i'n gorffod delio ag e ar glos ffarm fydde'r fuwch, ac er bod ambell i fuwch wedi trial 'i gore i neud bywyd yn galed i fi, ma'r cŵn hefyd yn gallu bod yn broblem fowr, a hynny cyn cyrra'dd y boudy hyd yn oed.

Rhoi tra'd yn tir …

Ma tueddiad i'r rhai ohonon ni sy'n byw yng nghefen gwlad Cymru ac sy'n nabod yr hewlydd bach fel cefen ein llaw i fod yn euog ar adege o goedo, neu roi'n tra'd yn tir fel fydden i'n gweud, hynny yw, bod damed bach yn rhy drwm ar sbardun y car.

Ond falle bydde'r rhai sy'n fy nabod i a 'nheulu'n dda yn gweud bod mynd fel ceit yn rhedeg yn y teulu. A hynny achos un digwyddiad 'nôl yng nghanol yr wythdege. Ro'dd hi'n ddachre mis Gorffennaf yn 1986 ac ro'dd fy mam, Louie, wedi penderfynu mynd i hôl leisensys moch i dre glan môr Aberaeron, fel fydde hi'n neud ar ran 'y nhad, ambell waith. Wrth i chi gyrra'dd Aberaeron ar hyd y brif hewl o Lanbed, fe fyddwch chi'n dreifo ar hyd Heol Llys-wen neu Lampeter Road, ac ar ddiwedd yr hewl honno ma un o dri tolldy yn y dre gafodd 'u hadeiladu adeg casglu tollau ar yr hewlydd yn y ddeunawfed ganrif. Fuodd y tolldy ar Heol Llys-wen yn siop gornel am flynyddo'dd lawer ac ro'dd pawb yn 'i galw hi'n Siop-y-Gât, a ro'dd hi'n gwerthu pob math o fwydydd a phethau i'r tŷ. Dwi'n cofio paso 'na sawl gwaith a gweld stondin yn dal ffrwythe a llysie tu fas i'r siop.

Yn yr haf fel arfer fydde un neu ddou o'r perchnogion yn iste mas wrth y ffrwythe, yn wotsho'r traffig yn mynd heibo. Ro'dd y wraig o'dd bia'r siop yn iste tu fas i'r siop y diwrnod hyn, drws nesa i arddangosfa o fale ac orenjys. A sai'n siŵr be ddigwyddodd i Mam wrth iddi agosáu at Siop-y-Gât yn 'i Volvo glas gole, ond yn anffodus fe glipodd y car y pafin wrth agosáu at y tro ac fe a'th

y car mas o gontrol a hedfan yn garlibwns mewn i fla'n y siop gan
fynd â'r stondin ffrwythe a llysie gyda hi, a chladdu'r perchennog
o'dd yn iste tu fas o dan y car. Ro'dd pawb wedi ca'l tipyn o ofan,
a rhai ddim yn siŵr beth o'dd wedi digwydd wrth weld orenjys,
'fale a thatw yn rolio lawr y rhiw tuag at y dre.

Do'dd neb o'n teulu ni wedi neud dim i gyrradd tudalen fla'n
y papur lleol y *Cambrian News* o'r bla'n, dim nes i Louie Pen-
lan neud ar 4 Gorffennaf 1986. 'Miracle escape as car hits shop'
o'dd y pennawd, gyda llun o'r hen Volvo glas ar ben yr holl frics
a'r annibendod o'dd ar un adeg yn rhan o fla'n y siop. Ro'dd yn
rhaid tynnu'r car oddi ar y wraig o'dd yn berchen y siop, druan.
Ond chafodd neb anafiade difrifol, diolch byth. Alle pethe fod
wedi bod lot gwa'th. Druan o Mam, do'dd hi ddim yn gwbod
beth ddigwyddodd ac o'dd gas 'da hi 'i bod hi wedi creu'r fath
anhrefn. O'dd mwy o gas fyth 'da hi pan welodd hi'r stori ar
fla'n y *Cambrian News*. Dwi'n cofio i fi a Terwyn fynd lan i
Ben-lan y pnawn ar ôl i'r ddamwain ddigwydd, a ro'n i'n gallu
gweud bod Mam yn eitha ypset ac wedi ca'l tipyn o ofan.

Ma'n rhaid cofio bod damweinie'n gallu digwydd mor
rhwydd, yn enwedig, dyddie 'ma, gyda chyment o geir ar hewl.
Ond bron i drideg mlynedd yn ddiweddarach, alla i byth â help
ond gwenu damed bach o weld y llun o'r Volvo ar dudalen fla'n
y papur. Ac ma Mam yn dala'r record o hyd am fod yr unig un
yn ein teulu ni i fod yn *headliner* yn y *Cambrian News* ...

Cofiwch chi, ca'l a cha'l yw hi wedi bod arna *i* ar hyd y
blynyddo'dd wrth gymryd ambell i gornel yn rhy siarp, yn
enwedig pan o'n i'n ifancach. Ond dwi'n cofio un tro mynd
fel cath i gythrel i lawr lôn ffarm Blaen-pant, Maesycrugie, ac
wrth gyrradd y clos dyma fi'n gweld carreg fowr ond ddim yn
ddigon clou, ac yn anffodus es dros 'i phen hi glatsh gan fwrw

symp y car. Pan ddes i 'nôl i'r car ar ôl rhoi'r tarw i'r fuwch, fe
weles i fod 'na bwll mowr o olew wedi llifo o dan y car. Do'n i
ddim am adel y ffarm yma ar hast felly. Es i'n syth at y ffarmwr,
Melvyn Evans, gan ofyn iddo fe a o'dd 'da fe ramp er mwyn i fi
allu gweld o dan y car. Yn lwcus iawn i fi ro'dd ganddo fe ramp
yn un o'r siedie cyfagos, felly, dyma bwsho'r car i'r sied a lan i
ben y ramp. Fe dreulies i'r awr nesa'n tynnu'r symp o'r car, a
gweld mai twll bach iawn o'dd yn y symp, ond yn ddigon mowr
i adel yr olew i lifo mas o'r car. Da'th Melvyn â weldwr i fi er
mwyn rhoi cynnig ar reparo'r twll, ond wrth i fi drial weldo'r
twll, sylweddoles i gydag amser mai mynd yn fwy o'dd y twll yn
hytrach nag yn llai. O'r mowredd!

Erbyn hyn ro'dd 'da fi dwll seis deg ceinog yn y symp, ac fe
dda'th yn amlwg wedyn mai'r weldwr o'dd yn rhy dwym. Felly,
fe newidwyd tymheredd y weldwr, a dyma ni'n llwyddo i gau'r
twll o'r diwedd. Fe lanwon ni'r tanc olew 'to 'da olew tractor ar
ôl rhoi'r symp yn ôl, a bant â fi i fennu gweddill fy ngalwade.
Ro'n i'n lwcus iawn o Melvyn, 'i ramp a'i weldwr y diwrnod
hwnnw, a chafodd neb wbod am fy antics 'da'r garreg fowr, y
symp a'r weldwr – tan nawr, wrth gwrs!

Fe ges i dipyn o ofan un tro hefyd wrth drafaelu ar yr hewl
ar bwys Rhydcymerau yn sir Gaerfyrddin. Rhaid gweud 'mod
i yn mynd ar dipyn o sbîd y diwrnod 'ny hefyd, ac fe ffaeles i
droi un cornel. Fe a'th y car dros ben y clawdd arna i, moelyd ac
fe landes i a'r car ar ein penne ar ben tamed bach o goed. Fues
i'n lwcus iawn y diwrnod hwnnw hefyd ac fe ddysges i wers
galed. Ges i ddim dolur, a'r ergyd fwya ges i o'dd pan dynnes i'r
seatbelt yn rhydd a cha'l cnoc ar 'y mhen wrth fwrw'r to. Dwi
wedi callio tipyn wrth ddreifo ers 'ny, byddwch chi'n falch o
glywed, ac 'ma leisens lân 'da fi hyd heddi.

Ma pawb yn wahanol

Ma pob ffarm yn wahanol ac ma ffordd ffermwyr o amaethu'n amrywio o ffarm i ffarm. Fe fydd dryse siedie y rhan fwyaf o ffermydd yn agor am mas, ond ro'dd un ffarm arbennig lle ro'dd dryse'r sied yn codi am lan. Sai'n siŵr pam ro'n nhw wedi neud y dryse i agor fel hynny, ond rhai fel 'na o'n nhw. Ond fel 'se 'na ddim yn ddigon, ro'dd 'da nhw hefyd bwmp yn y parlwr godro fydde'n pwmpo unrhyw wastraff anifeilied strêt mas i'r ca'. Ond fydde hyn ddim yn digwydd tan bod y gwartheg lan dros 'u carne bron mewn dom ac yna fydde'r pwmpo i'r ca'n digwydd.

Pawb â'u ffordd 'i hunan yw hi, chi'n gweld. Bob tro bydda i wedi rhoi tarw i fuwch, fe fydd y ffarmwr yn dod â dwr claear a sebon i fi er mwyn i fi allu golchi 'nwylo, 'y nghlogyn a'n welintons, er mwyn neud yn siŵr 'mod i'n mynd yn lân i'r ffarm nesa. Ond ar un ffarm, fe wedodd y ffarmwr wrtha i, 'Na fe 'de, cer i olchi nawr yn y cwch.'

'Yn y cwch?' ofynnes i.

Ro'dd 'da fe hen gwch bach ar waelod y clos â thap dŵr uwch 'i ben a fydden i'n gorffod mynd i lanhau fan'ny bob tro fydden i'n mynd 'na. O ble dda'th y cwch, sai'n gwbod, achos mas yng nghanol cefen gwlad o'n i a dim sôn am fôr am filltiro'dd.

Dwi wedi ca'l ambell i lond pen gan berchnogion ffarm ar hyd y blynyddo'dd hefyd – gan wragedd y ffarm yn fwy na neb a hynny am resyme sy'n dal yn ddierth i fi hyd heddi. Un tro, ar ôl bod i un ffarm am y tro cynta, fe ges i row 'da'r wraig ffarm achos bo fi wedi torri'i bwced hi, medde hi. Ro'dd hi'n tyngu bo fi wedi neud twll ynddo fe! Shwt o'dd hi'n meddwl llwyddes i i neud 'ny sai'n siŵr, ond dyna ni, fe ymddiheures i a hynny am rwbeth na wnes i …

Dwi wedi sôn am y dŵr a'r sebon 'ma ffermwyr yn rhoi i fi er mwyn ca'l golchi ar ôl rhoi'r tarw i fuwch. Fe fydda i hefyd yn iwso disinffectant, fel bod popeth mor lân ag y gallen nhw fod 'da fi. Un bore, a'th gwraig ffarm arall yn gynddeiriog 'da fi achos 'mod i wedi bod yn golchi'n hunan mewn dŵr o'dd wedi'i gadw ar gyfer y ceilog o'dd yn teyrnasu ar glos 'u ffarm nhw. Ar ôl i fi fod yn golchi, fe wedodd hi, 'O! Chi wedi bod yn golchi'ch hunan yn nŵr y ceilog! Be sy'n bod, o's colled arnoch chi?'

'O sori,' wedes i 'nôl. 'O'n i'n cymryd mai dŵr ar 'y nghyfer i o'dd e.'

'Nage ddim,' atebodd hi'n ffit i gyd. 'A' i i hôl eich dŵr chi nawr! Delech chi wbod yn well! Fydd y disinffectant 'na siŵr o fod wedi inffecto'r ceilog 'ma am byth nawr!'

Ac ro'dd yn rhaid i fi ymddiheuro unwaith 'to cyn gadel y ffarm i fennu'n rownds, a neud nodyn yn 'y mhen i gofio gofyn y tro nesa pa blincin ddŵr fydde pa un, rhag ofan i fi inffecto'u hen geilog nhw.

Ma'r gwahoddiade cyson i fynd am baned o de neu goffi ar sawl ffarm dwi'n mynd iddyn nhw yn beth reit braf hefyd. Fe es i mewn i ga'l paned o de 'da rhyw hen lanc yn ystod 'y nyddie cynnar fel dyn tarw potel. Ro'dd mwy o amser 'da fi bryd hynny i fynd am baneidie gyda chwsmeried na sy 'da fi erbyn heddi. Ro'n i'n iste yn y gegin yn siarad 'da'r ffarmwr, a dyma fe'n paratoi'r cyfan – llenwi'r tegyl â dŵr, 'i roi ar y Rayburn ac yna,

fel 'se dim o'i le, dyma fe'n towlu dou neu dri wy i mewn yn y
dŵr hefyd. Ro'n nhw'n wye o'dd newydd fod o dan yr iâr weden
i achos o'dd dal gwellt a dom yn sownd i'r plisgyn a'r cwbwl
yn ca'l mynd mewn i'r tegyl. Do'n i ddim wedi gweld dim byd
tebyg o'r bla'n, ond yn amlwg ro'dd y dyn bach yma ise paratoi 'i
gino ar yr un pryd. Fe dynnodd yr wye mas ar ôl i'r tegyl ferwi,
ac yna arllwys y dŵr i'r tebot er mwyn i ni'n dou ca'l te. O's, ma
pethe rhyfedda'n digwydd yng nghefen gwlad Cymru. Dyna'r
tro ola i fi dderbyn gwahoddiad y ffarmwr hwnnw am baned o
de ganol bore. Dyn a ŵyr beth o'dd e'n rhoi yn y tegyl amser te
prynhawn.

Holl anifeilied y greadigeth ...
a'u perchnogion

Pan ddechreues i'n ddyn ifanc 'da'r AI, ro'dd Vaughan Morgan
o Silian, neu 'Morgans' fel o'n i'n 'i alw fe, yn cynnig cyngor
defnyddiol i fi o hyd. Ro'dd e wedi bod yn gweitho ar 'i rownds
ers blynyddo'dd mowr, a phob tro'n barod i wrando os o'dd gan
rywun gwestiwn neu ofid.

Dyma fe'n gweud wrtha i un diwrnod, 'Pan ei di lan i'r
ffarm 'ma ochor ucha Llanbed tro nesa, watsha bo ti'n gwisgo
dy glogyn AI cyn bo ti'n cyrradd y ffarm.' Do'n i ddim cweit
yn deall ar y pryd pam fydde fe'n gweud 'na wrtha i, ond fe
dda'th y cwbwl yn glir pan es i yno un prynhawn achos 'nes
i ddim gwrando ar Morgans y prynhawn hwnnw ta beth. Fe
gyrhaeddes i'r ffarm heb wisgo 'nghlogyn o fla'n llaw, ac ro'dd
hen lanc yn 'i chwedege yn byw yno. Wrth i fi baratoi yng
nghefen y fan, cyn mentro draw i roi tarw i'r fuwch, dyma fi'n
teimlo pâr o ddwylo'n rhwbo yn erbyn cefen 'y mhenglinie i, ac
ro'dd y dwylo'n dringo a chlosio lan at ... at fanne dirgel wedwn
ni. O'dd, ro'dd dwylo'r ffarmwr bach hyn yn mynd i lefydd lle
nad o'n i'n hapus iddyn nhw fynd o gwbwl, felly, fues i ddim yn
hir cyn mynd draw yn glou i'r boudy lle'r o'dd y fuwch yn aros
amdana i. Tra 'mod i wedyn yn rhoi'r tarw i'r fuwch, dyma'r hen
ddyn yn gofyn i fi, 'Ie, chi'n lico rhyw bethe jiwsi fel hyn 'de?'

Wel, o'n i ddim yn deall yn union beth o'dd e'n 'i olygu'n iawn,
a do'n i ddim yn gwbod beth i weud, felly wedes i ddim, dim
ond clatsho mla'n â 'ngwaith – ro'dd hi'n gallach gweud dim.
A chyn i fi adel y ffarm, fe wedodd e wrtha i, 'Defis, chi wedi
clywed am yr holl gyple sy'n madel â'i gilydd y dyddie hyn? Ma
lot ohono fe'n digwydd. Chi'n gwbod beth yw'r drwg? "Twll dan
y mwstásh sy'n llabyddio'r corff ac yn difetha'r cash".' Sai'n siŵr
o ble dda'th y dywediad 'na 'da fe na beth o'dd 'i ystyr yn iawn
– ond ro'n i'n hollol siŵr o un peth, o'n i wedi bod ar y ffarm
hon lot yn rhy hir! A'r diwrnod hwnnw, fe ddes i wbod pam
ro'dd gwisgo'r clogyn cyn cyrradd y ffarm mor bwysig am fod
Vaughan Morgan, whare teg iddo, yn siarad o hen brofiad ma'n
amlwg!

Dwi ddim yn siŵr ambell waith ife'r gwartheg, y cŵn neu'r
ffermwyr sy fwya danjerus wrth i fi fynd ati i neud 'y ngwaith
bob dydd. Ro'n i'n trafaelu ambell waith i ogledd Ceredigion, ac
i bentre Goginan, yr ochor ucha i Aberystwyth. Ar ôl cyrradd y
ffarm, dyma'r ffarmwr yn gweud wrtha i wrth bwynto at y sied
ar bwys, 'Nawrte, ma'r fuwch mewn fan'na i chi – ond cewch
â'r picwarch 'ma mewn 'da chi, er mwyn 'i dreifo hi mewn i'r
crysh, achos ry'n ni 'i hofan hi!' Ar ôl i'r ffarmwr bach weud
hynny, fe es i deimlo'n reit nerfus gan bo fi ddim yn gwbod beth
o'dd o mla'n i. Ro'dd hon yn swnio'n fuwch wyllt iawn.

Mewn â fi â'r picwarch gyda fi fel arf ac ro'n i'n iawn i neud,
achos ro'dd y fuwch yn gwylltio dim ond i fi symud tamed
bach. Fe jwmpodd ambytu'r sied gan dowlu un wal lawr yn
rhacs. Ro'dd hi fel rhywbeth o'i cho. Ac wrth iddi redeg i mewn
i'r crysh, fe roddodd gic anferthol i fi yn ochor 'y nghoes nes
bo fi'n hollol wan. Ro'dd hi'n glatshen galed a phoenus iawn, ac
ar ben hynny, yn 'y mhoced ar y pryd ro'dd pishyn hanner can

ceinog – fe adawodd cic y fuwch hôl y darn 50c fel clais ar 'y
nghoes i am wthnose wedyn.

Medde'r ffarmwr, 'Wel, fe fydd yn rhaid i ni roi tarw iddi
nawr gan bo chi wedi'i cha'l hi i mewn i'r crysh.' O'n i ffaelu
credu 'nghlustie, o'dd, ro'dd e moyn i fi fennu 'ngwaith serch bo
fi ddim yn gallu teimlo 'nghoes o gwbwl, ac ro'dd yn rhaid i fi
iste yn y tŷ ffarm am ryw awr a hanner ar ôl hynny achos allen
i byth â meddwl am ddreifo. Fel y'ch chi wedi deall erbyn hyn,
ma creaduried yn gallu bod yn bethe danjerus iawn, ond fysech
chi'n meddwl y bydde'r ffarmwr wedi gweitho mas shwt i ga'l
trefen ar y fuwch wyllt a dod yn fòs arni.

Ond, ta pwy mor ddanjerus y'n nhw, ma pobol wrth 'u bodd
â'u creaduried – ma hynny wedi dod yn amlwg i fi ar hyd y
blynyddo'dd ar ôl sylwi shwt ma'n nhw'n ca'l 'u trin o ffarm i
ffarm. Ma'r arfer o roi clyche ar dda'n dyddio 'nôl i'r oes haearn,
medden nhw, ac ma'r arfer hwnnw'n gyfarwydd iawn yng
ngwledydd gorllewin Ewrop, ond weles i erio'd fuwch yn cario
cloch rownd 'i gwddwg yng Nghymru tan i fi 'u gweld ar ffarm
yng Ngheredigion rai blynyddo'dd yn ôl. Pan o'dd hi'n bryd
i'r ffarmwr hwnnw ga'l y da i mewn i'r sied, fe fydde fe'n mynd
i'w hôl nhw, ac fe fydden nhw'n dod 'nôl, pob un â chloch fach
unigol yn hongian am 'u gyddfe. Fe fydden ni'n gallu clywed y
clyche'n dod o bell ac i weud y gwir, ro'dd eu sain nhw'n hyfryd
i'w glywed, yn rhwbeth bach pert i wrando arno fe yn lle'r hen
frefu dwi'n clywed fel arfer ganddyn nhw. Ma gan bob ffarmwr
'i ffordd 'i hunan o ffarmo, ac ma'n rhaid i fi, fel boi o'r tu fas,
barchu'r ffordd honno.

Ambell waith dwi'n ca'l gweitho 'da selebs, ac ma hynny'n
gynhyrfus iawn. Bob mis Awst, fe fydda i'n rhoi tarw i fuwch

arbennig sy'n ca'l 'i chadw ar ffarm ym Mlaenpennal – pentre
bach rhyw beder milltir ar ddeg i'r de o Aberystwyth. Enw'r
fuwch fach yw Modlen, a hi o'dd y fuwch o'dd yn ca'l 'i
defnyddio ar gyfer ffilmo'r gyfres deledu i blant ar S4C sef
Pentre Bach. Cyfres am Sali Mali a'i ffrindie o'dd hi. Wy'n
edrych mla'n bob blwyddyn erbyn hyn i fynd 'nôl i'w gweld hi,
achos hen fuwch ffein yw Modlen. Dim pawb sy'n ca'l gweud bo
nhw'n rhoi tarw i fuwch Sali Mali, nagefe?

Dwi hefyd ar hyd y blynyddo'dd wedi bod yn mynd i
ffermydd sy wedi bod yn gartre i ambell wyneb cyfarwydd i ni
am 'u bod nhw ar y teledu neu'r radio, neu'n gantorion enwog.
Fe fydden i'n mynd yn amal i ffarm y digrifwr Ifan Gruffydd
ar gyrion Tregaron, a bydde'i dad yn mynnu bod e'n rhoi deg
ceinog i fi bob tro, er mwyn lwc wrth gwrs. Fe fydde'n fe'n ca'l
tipyn o siom os na fydden i'n derbyn y rhodd.

Ar un adeg, fe fydden i'n mynd yn amal iawn i ffarm Clun-
coch, Cwrtnewydd sef cartre'r tenor Paul Williams a'i deulu.
Ma gan Paul wartheg graenus ofnadw, ac ma clos y ffarm fel
pin mewn papur bob tro fydda i'n galw draw 'na. Ma'n rhaid i
fi ddiolch i Paul hefyd am ga'l iwso'r da a'i ffarm e fel lleoliad i
dynnu'r llunie ar gyfer clawr y llyfyr 'ma. O'dd e'n brofiad reit
ryfedd sefyll yng nghanol boudy yn swmpo pen-ôl buwch a
gwenu'n bert mewn i gamera a diolch hefyd i Iestyn Hughes y
ffotograffydd am neud y profiad yn un dymunol a di-boen.

Ffarm arall fues i'n mynd iddi o'dd Penrallt-lwyd yn
Neuadd-lwyd ger Cilie Aeron. Cartre Alfor Jones a'i deulu o'dd
y ffarm hon. Alfor yw tad Meilyr ac Eleri Siôn, a dwi'n cofio'r
ddou'n dod mas i 'ngweld i pan fydden i'n galw 'na ar yr AI.
Wel, wi'n gweud mai dod mas i 'ngweld i o'dd y ddou; fydde
Meilyr yn dod mas i'r boudy ata i gyda'i dad neu'i fam gan

ddangos diddordeb yn beth o'n i'n neud, ond aros wrth ddrws y boudy fydde Eleri'n neud fel arfer, yn eitha shei ac yn dawel hefyd. Eleri Siôn? Gredech chi byth, ma'n rhyfedd shwt ma pethe'n newid, on'd yw hi?

Ma casglu dyledion gan ffermwyr am y gwasaneth ma'n nhw wedi'i ga'l yn hen jobyn digon diflas. Ond fe dda'th un tro â gwên fach i 'ngwyneb i. Es i mewn i'r tŷ ffarm, ac ro'n i'n iste wrth fwrdd y gegin yn wotsho'r ffarmwr bach yn llenwi dalen o'i lyfyr siec. Yn sydyn iawn, fe dda'th rhyw randibŵ o sŵn o lan llofft, yn gwmws fel tase tri neu bedwar o blant yn rhedeg yn wyllt o un ystafell i'r llall. Beth ddiawch o'dd yn mynd mla'n? Dyma'r sŵn yn symud o'r llofftydd i'r stâr a'r cyfan weles i wedyn o'dd tri oen swci'n rhedeg yn wyllt lawr y stâr a mas drwy'r drws ffrynt! Ro'dd yn rhaid i fi edrych ddwywaith i weld a o'n i wedi gweld yn iawn – ond mi o'n i – a sai i'n gwbod 'to pam o'n nhw lan llofft, o'n i ddim yn lico gofyn i'r ffarmwr. Ma'n amlwg 'u bod nhw'n ca'l cartre da.

A sôn am gartre da, fe alwes i mewn ffarm eitha anghysbell un tro ac ro'dd yn rhaid i fi adel 'y nghar ar dop y lôn am 'i bod hi'n rhy rwff i fi fynd â'r car lawr i'r ffarm. Felly, fe dda'th y ffarmwr lan i'n hôl i yn 'i Land Rover. Ro'dd e'n wyllt i gyd pan gyrhaeddodd e ac fe wedodd e, 'Ti ddim 'di gweld dou fochyn, wyt ti?'

'Mochyn *daear*, ti'n feddwl, ife?' ofynnes i.

'Na, na – dou fochyn. Fi 'di colli dou fochyn ers hanner awr wedi deuddeg!'

Do'n i ddim wedi gweld yr un mochyn, beth bynnag, ac ro'dd hi'n hanner awr wedi tri erbyn nawr. Es ati i roi tarw i'r fuwch, ac ar ôl i fi neud y gwaith papur, fe wedodd y ffarmwr wrtha i am fynd i roi'r dystysgrif ar ford y gegin tra'i fod e'n troi'r Land Rover rownd i fynd â fi 'nôl at y car. Pan es i mewn i'r tŷ, y cwbwl weles i o'dd dou fochyn yn y gegin, wedi ca'l gafel ar gwded o fwyd cŵn ac yn byta hwnnw. Ro'n nhw hefyd wedi whalu'r llestri cino o'dd yn dal ar y ford – ac ro'n nhw i'w gweld yn ca'l amser da. Wel, ro'n nhw wedi bod 'na ers dwy awr o leia. Sôn am yr hwch yn mynd drwy'r siop!

Ym Mhontrhydfendigaid wedyn ma 'na ffermwraig fach ar ffarm tu fas y pentre yn cadw da Kerry Prydeinig. 'Sdim lot fowr o'r gwartheg yma yng Ngheredigion ac felly ma'n nhw'n rhai eitha anghyfarwydd i fi. Da godro o Iwerddon yw'r Kerry ac ma'n nhw'n credu fod y brid gyda'r hyna yn Ewrop. Ma'n nhw'n ddu i gyd, gyda chyrn gwyn a thamed o ddu ar 'u diwedd nhw. Yr hyn sy'n unigryw am y da Kerry sy'n byw ar y ffarm hon yng Ngheredigion yw bod pob un ohonyn nhw'n gwisgo rhyw fath o fra gwyn. Do, fe ddarllenoch chi'n iawn, a na, sai'n jôcan. Ma'n nhw i'w gweld yn y caeau'n pori'n amal gyda defnydd gwyn yn cyfro'u tethe nhw. Pan weles i nhw am y tro cynta, ro'n i'n meddwl mai da du a gwyn o'n nhw tan i fi 'u gweld nhw'n agosáu at y clos a gweld mai bra gwartheg o'n nhw'n gwisgo. Neu falle mai 'bra da' ddylen i alw nhw. Pan holes i'r perchennog pam o'dd hi wedi penderfynu rhoi'r fath gontrapshiwn am bob un buwch, 'i hymateb hi o'dd, 'Wel, ma'n helpu i'w cadw nhw'n lân a chadw'r pryfed draw.' Ody, ma'n anodd credu y pethe ma'n nhw'n gallu neud erbyn heddi, ma rhwbeth ar ga'l i siwto pob pawb a phob dim. 'Sdim byd yn rhyfedd y dyddie hyn yng nghefen gwlad, coeliwch chi fi.

Pobol o bant

Mewn sawl achos yng nghefen gwlad Cymru bellach, ma 'na lot fowr o bobol wedi symud mewn 'ma o Loeger a gwledydd er'ill a phrynu ffermydd a thyddynnod dros y degawde dwetha. Ma 'da fi lot o gwsmeried sy ddim yn siarad Cymra'g. Ar y cyfan, ma'n nhw'n bobol sy wedi setlo'n iawn i'r gymdeithas, ond ma ambell un sy'n meddwl 'i fod e'n gwbod yn well na phawb arall ac yn gallu neud gwyrthie ar ffermydd. Prin yw'r rheiny, cofiwch, ond ma ambell un lletwhith yn aros yn y cof.

Daw un stori i'r cof am y Sais 'ma ffonodd fi un diwrnod gan weud wrtha i fod ganddo fe whech buwch yn y sied o'dd angen tarw. Ar ôl i fi gyrradd y ffarm, dyma fe'n dod draw ata i gyda llyfyr yn ei law, *Symptoms of a Cow Bulling*. Pan weles i'r llyfyr hynny, fe wedes i wrtha i'n hunan, 'Wel, wy wedi gweld y cyfan nawr. Co ni off – ffarmo drwy handbwc.' Ro'dd diddordeb mowr 'da fi i wbod beth fydde fe'n gweud wrtha i. Yn amlwg, do'dd 'da fe ddim lot o glem am ffarmo a shwt o'dd system buwch yn gweitho. Fe benderfynodd e ddarllen rhai paragraffe o'r llyfyr mas i fi, darne o'dd yn sôn am shwt i nabod buwch o'dd angen tarw a'r came o'dd angen 'u cymryd wedyn. Dyma fi'n gofyn iddo fe wedyn, ar ddiwedd y llith, a o'dd 'i dda fe'n wasod, a o'dd gwirioneddol angen tarw arnyn nhw?

Yr ateb ges i o'dd, 'Well, I'm not sure if they are, but I'd prefer them all to be inseminated on the same day.'

Ro'dd yn rhaid i fi egluro wrth y ffarmwr wedyn bod
yn rhaid i'r gwartheg fod yn wasod cyn y gallen ni roi tarw
iddyn nhw, ond hyd yn oed ar ôl gweud 'ny, sai'n credu iddo
fe 'nghredu i a galwad wastrafflyd o'dd hi i fi yn y diwedd y
diwrnod hwnnw.

Ma 'na rai ffermwyr sy'n gyndyn iawn o symud â'r oes hefyd;
ma 'u ffordd nhw o ffarmo'n un draddodiadol iawn, a heb lawer
o fuddsoddiad wedi'i neud yn y ffarm ers degawde. O ystyried
gyment y ma'r diwydiant wedi datblygu yn ystod y blynyddo'dd
dwetha, ma ffarmo fel o'n nhw yn yr oes o'r bla'n yn gallu bod
yn anodd ochor yn ochor â gofynion trwm byd amaeth heddi.
Ro'dd 'da fi gwsmer ar un adeg o'dd heb wario dim ar system
odro newydd ers blynyddo'dd. Erbyn heddi ma parlyre godro
wedi datblygu'n fowr iawn, gyda dege ar ddege o dda'n gallu ca'l
'u godro ar yr un pryd. Ond ro'dd y ffarmwr bach yma'n dal i
ddefnyddio bwced i ddal y llaeth wrth odro, felly ro'dd cyfnod
godro'r dyn bach 'ma'n gallu para'n hir iawn. Fe gyrhaeddes i
yno ddim yn rhy hir ar ôl amser godro rhyw fore, ac fe sylwes
i bod y bwcedi llaeth wedi'u rhoi naill ochr. Ond yr hyn drodd
'yn stumog i o'dd gweld pump neu chwe chath wedi dringo ar
ben y bwcedi, 'u penne'n ddwfwn yn y llaeth, a phob un ohonyn
nhw'n joio ca'l llond bolied yr un! A dyna i chi un rheswm pam
na wnes i erio'd dderbyn y gwahoddiad i fynd am gwpaned o
de i'r tŷ ffarm arbennig hwnnw. Fydden i ddim yn saff pwy neu
beth fydde wedi bod 'na o mla'n i.

Dwi'n trio neud 'y ngore i gyrradd ffermydd ar amser
gweddol gall fel arfer, ond ambell waith, os bydd sawl galwad
'da fi i'w neud mewn diwrnod, yna dwi'n ddiweddar yn cyrradd
fy ffermydd ola.

Ces i brofiad rhyfedd un diwrnod pan gyrhaeddes i un ffarm yn hwyrach nag o'n i wedi'i ddisgwyl. Ffarmwr bach o'r gogledd wedi symud i'r gorllewin rai blynyddo'dd ynghynt ac ro'dd e'n byw ar ffarm yn lleol. Ro'dd e'n aros amdana i ar y clos pan gyrhaeddes i ac ro'dd e'n gynddeiriog am 'y mod i wedi cyrradd yn ddiweddar. Fuodd e'n gweiddi a rhegi fel dyn o'i go, gan ddachre cico 'nghar i sawl tro hyd yn oed. Ro'dd tipyn o olwg ar y car yn y diwedd, â thipyn o dolce i'w trwsio arno, ond do'n i ddim am drial cwlo'r dyn bach lawr, neu falle fydden i wedi ca'l clwbyn fy hunan. Ro'dd e'n benwan.

Ac eto, ma'n rhyfedd shwt ma cymeriad rhywun yn gallu newid hefyd. Pan alwes i 'nôl yno ryw ddeufis ar ôl 'ny, ro'dd e'n ddyn hollol wahanol. Ro'dd e'n cloncan yn deidi, yn llawn jôcs ac yn wên o glust i glust.

'Ew, 'dach chi'n cofio'r tro dwytha oeddech chi yma, Aneurin?' medde fe wrtha i.

'Cofio?' wedes inne. 'O, odw, cofio'n iawn. Ma'r car yn cofio hefyd yn ôl y tolce adawoch chi arno fe!'

'Ia, flin gen i am hynny,' wedodd e wedyn. 'Ond 'dach chi'n gwbod be? Ma'r fuwch 'di sefyll 'wchi.'

Ma'n amlwg dda'th llawenydd iddo fe y diwrnod hwnnw ar ôl y diflastod ro'n i 'di creu iddo fe drwy gyrradd yn hwyr – felly ro'dd hynny'n rhyw fath o gysur ... Falle mod i wedi amseru pethe'n berffeth wedi'r cwbwl.

Dwi'n cofio un ffarmwr yn gweud wrtha i 'i fod e wedi gorffod codi yng nghanol nos un tro gan fod buwch i fod i ddod â llo. Ond erbyn iddo godi a mynd mas i'r sied, ro'dd y fuwch wedi geni'r llo, ond yn anffodus ro'dd e'n llo trig. Bore wedyn, dyma fe'n mynd draw i'r ffarm drws nesaf i ofyn i'r cymydog a alle fe brynu llo gydag e fel bod llo arall 'da'r fuwch i'w fagu. Fe dda'th 'nôl â'r llo i'r ffarm ar ôl talu tipyn bach amdano fe. Wrth iddo fe ddod â'r llo bach newydd i mewn i'r sied, fe welodd e fod y fuwch wedi geni llo bach arall yn y cyfamser – ro'dd efeillied ganddi – ond bod y llo bach newydd yma'n iach ac ar 'i dra'd yn sugno! Beth ddigwyddodd i'r llo bach o'dd e newydd 'i brynu? Wel, ro'dd 'da'r ffarmwr ormod o gas i fynd â'r llo 'nôl, ac i ga'l 'i arian 'nôl, felly fe gadwodd e'r anifail fel bod dou lo 'da'r fuwch i'w magu, whare teg. Ma ffermwyr yn gallu bod yn greaduried llawn mor rhyfedd â'u hanifeilied ambell waith.

'Sdim byd yn aros 'run peth

Ma 1988 yn flwyddyn arwyddocaol iawn i fi. A gweud y gwir, ro'dd hi'n flwyddyn drist iawn yn hanes Dyffryn Aeron pan gaeodd ffatri laeth Dairy Crest 'i dryse ar 26 Ebrill 1988, gan roi dros 100 o bobol yr ardal ar y clwt. Ers clywed am gau'r ffatri, fe fuodd pobol yr ardal yn brwydro'n galed i bwyso ar Dairy Crest i'w chadw ar agor, ond ofer fuodd 'u hymdrechion i gyd. Ro'dd yn glatshen i'r ardal ac ro'dd fel 'se rhywun wedi rhoi cyllell trwy galon y gymuned yno.

Ro'dd hi'n siom fowr arall gweld dryse canolfan yr AI, ein canolfan tarw potel ni ar gyrion pentre Ystrad Aeron, yn cau am y tro ola rai miso'dd ar ôl i'r ffatri laeth gau. Fe fydde hyn yn golygu y bydde'n rhaid i fi a gweddill y bois tarw potel weitho mas o ganolfan Castellnewydd Emlyn o hynny mla'n. Diflannodd y teirw hefyd o'dd wedi bod yn rhan mor bwysig o'r lle ers degawde. Chwalwyd yr adeilad yn ddarne mân yn y pen draw nes bod dim ar ôl heblaw am nifer fowr o atgofion hapus.

Er 'i bod hi'n golled fowr cau canolfan Felin-fach, ro'dd symud y ganolfan i Gastellnewydd yn golygu bod dim rhaid i fi drafaelu 'na bob dydd, fel o'n i wedi bod yn neud o Felin-fach. Erbyn hynny, ro'n i'n gallu gweitho o gartre achos bod technoleg wedi datblygu'n glou, ac ro'dd 'da fi ffôn o'dd yn sownd yn y car, ac ro'dd modd iwso hwnnw er mwyn cadw mewn cysylltiad â'r staff yn y swyddfa.

Ond byr iawn fu oes canolfan Castellnewydd Emlyn hefyd. O fewn dwy flynedd ro'dd honno hefyd wedi'i chau, a'r gwaith a'r staff yn symud i Heol Llysonnen yng Nghaerfyrddin, o'dd o dan reolaeth y cyn-filfeddyg Aubrey Thomas. Ro'dd Aubrey yn gofalu am staff ardal canolfannau Felin-fach, Castellnewydd Emlyn a Chaerfyrddin, tri lle gwahanol a thipyn o bellter rhyngddyn nhw, a do'n i ddim yn eiddigeddus iawn o'i waith ar y pryd, fel y gallwch ddychmygu.

Gyda'r Bwrdd Marchnata Llaeth yn dirwyn i ben, ro'dd yr un peth yn digwydd i'r adran brido gwartheg ro'n i'n gweitho iddi. A'th yr adran 'ny i fod yn gwmni cyfyngedig – Genus Ltd – ond gyda hynny ro'dd yn rhaid colli nifer fowr o staff o ganolfan Caerfyrddin. Yn lwcus iawn i fi, fe gadwes i'n swydd, ond ro'dd teitl fy swydd yn newid unwaith 'to, ac o hynny mla'n ro'dd Genus yn cyfeirio aton ni'r dynion AI fel Technegwyr Ardal, neu 'Area Technicians' yn Saesneg, ac ro'dd teitl newydd yn golygu y bydde'r ardal ro'n i â gofal ohoni'n newid tamed bach hefyd. Fe fydde hyn yn golygu bod 'da fi ardal i'w chyfro o Landysul yn Nyffryn Teifi yr holl ffordd i Bontarfynach ger Aberystwyth. Ro'dd gofynion 'y niwrnod gwaith yn gallu bod yn drwm iawn. Fe fydden i'n gweitho bum diwrnod a hanner yr wthnos, gydag un diwrnod yr wthnos bant, a deuddydd yr wthnos wedyn.

Erbyn heddi dwi'n gyfrifol am brisio'r gwasaneth ry'n ni'n 'i gynnig i ffermwyr yn yr ardal, ac yn gyfrifol hefyd am werthu'r had dros yr ardal i gyd. Ma un diwrnod yn fy wthnos i'n ca'l 'i neilltuo'n benodol fel diwrnod sêls gan werthu had o ffarm i ffarm, ond hefyd ar gyfer gwerthu *chemicals* i ffermwyr llaeth i'w helpu nhw 'da'r gwaith godro, neu *additives* i roi ar ben seilej er mwyn gwella 'i ansawdd. Felly, ma 'da fi dipyn o waith i'w neud o ddydd i ddydd.

Yn ystod y blynyddo'dd dwetha 'ma dwi hefyd wedi gorffod mynd ar sawl cwrs gwahanol, er mwyn neud yn siŵr 'mod i'n gallu arbenigo ar wartheg bîff yn benodol. Fe fydda i o dro i dro'n trafaelu i sawl ffarm y tu fas i'n ardal arferol er mwyn 'u cynghori nhw ar ba darw i'w ddefnyddio 'da'u gwartheg. Ma 'da fi ffermydd mewn ardaloedd fel sir Benfro, Abertawe, Aberhonddu a Machynlleth, er enghraifft, ac ma'n waith diddorol iawn sy'n rhoi cyfle i fi glywed barn amryw o ffermwyr am y gwasaneth teirw potel ry'n ni'n 'u cynnig. A dwi'n ca'l gweld 'bach o'r wlad yn y fargen.

Ma'n ddyletswydd arna i hefyd i neud yn siŵr fod y technegwyr er'ill i gyd yn gwbod pa deirw sy fwya poblogedd ar hyn o bryd, a be sy mor sbeshal am y teirw hynny. Ma'n teimlo ambell waith fel 'sen i'n gweitho mewn siop trin gwallt neu siop ddillad pan fyddwn ni'n trafod beth sy'n ffasiynol ar y pryd.

Ond dwi'n gredwr cryf 'i bod hi'n bwysig ein bod ni fel technegwyr yn gwrando ar y cwsmeried, achos heb 'u barn a'u cwsmerieth nhw ar ddiwedd y dydd, yna fydde 'da fi ddim gwaith.

Dwi'n un sy wedi bod yn mynd i'r Roial Welsh yn Llanelwedd er pan o'n i'n blentyn, ond erbyn heddi fe fydda i'n mynd 'na i weitho hefyd am fod gofyn i ni fod ar ddyletswydd ar stondin Genus ar bwys cylch y gwartheg ryw ddiwrnod neu ddou yn ystod wthnos y sioe – ac ma hi fel arfer yn sioe dda i ni o ran faint o had a chynnyrch er'ill fyddwn ni'n llwyddo i'w gwerthu. Odi, ma bywyd y dyn AI yr un mor fisi ag erio'd, a hynny 'sen i'n meddwl achos bod ffermydd godro wedi tyfu gymint mewn seis. Ma lot fowr o ffermydd nawr yn godro rhyw dri chant neu hyd at fil a mwy o dda, a 'sen nhw am iwso tarw i frido o'r da hynny fe fydde'n rhaid iddyn nhw gadw tua whech neu saith o deirw. Felly, ma galw am yr hen ddyn AI yn dipyn tshepach ac yn rhwyddach i nifer o ffermwyr heddi.

Bachan o Langadog yn Nyffryn Tywi, Ceidrych Davies, sy'n rheoli canolfan Genus yng Nghaerfyrddin erbyn heddi. Achos bod natur y gwaith wedi newid cyment ers i fi ddachre'r holl flynyddoedd 'nôl yn Felin-fach, erbyn hyn ma Ceidrych yn gorffod gofalu am dros hanner cant o staff, a'r cwbwl yn gweitho yn ardal gorllewin Cymru. 'Sdim lot fowr o bobol yn canmol 'u bòs fel arfer – ma'r rhan fwya'n falch o weld 'i gefen, siŵr o fod – ond ma 'da fi barch mowr at Ceidrych fel bòs. Mae e'n fachan iawn ac yn deg iawn 'da'i weithwyr. Alla i fynd ato fe ag unrhyw broblem neu ofid am unrhyw ran o'r gwaith. Dwi fel arfer yn strêt iawn gydag e os nad o's rhwbeth o fewn y cwmni'n 'y mhlesio i, ac mae e'n parchu fy marn i ac yn neud 'i ore i ddatrys pethe bob amser. Oherwydd hynny dwi'n gwerthfawrogi'n perthynas waith ni'n fowr iawn.

Yn ystod y tair blynedd dwetha, ma 'na gynllun newydd wedi'i gyflwyno i'r cwmni sef y Reproductive Management Systems neu'r RMS sy'n gynllun da'th yn wreiddiol o Galiffornia yn UDA. Ma'n golygu bod gan bob technegydd ofal dros whech neu saith ffarm a'r hyn fyddwn ni'n 'i neud yw cydweitho â milfeddygon a maethegwyr i neud profion fydd yn dangos i ni pryd ma disgwl i bob buwch fod ag angen tarw. Gyda chyment o ffermydd godro'n tyfu mewn seis, ma hyn yn tynnu'r pwyse oddi ar y ffarmwr i neud y gwaith hyn, gan adel iddo ganolbwyntio ar agwedde er'ill ar 'i waith. Ma'r elfen hon o 'ngwaith i'n ddiddorol iawn hefyd, ac fe fydda i'n joio neud hyn nawr ac yn y man gan 'i fod yn hollol wahanol i'r hyn fydda i'n neud o ddydd i ddydd.

Ma gwisgo lan yn y gwaed ma'n rhaid, 'co fi a 'nhad fel dwy fenyw yn barod i garnifal Tal-sarn yn y saithdege. Fuodd y naill na'r llall yn garnifal cwîn y tro 'ma, ond o'dd pâr o goese deche 'da'r 'ddwy' ohonon ni.

Fel dwy fenyw 'to, fi a Glyn Davies Fferm Lloyd Jack yng ngharnifal Felin-Fach yn 1992.

Criw ohonon ni'n ymarfer er mwyn ca'l slot ar *Noson Lawen* S4C yn Neuadd Felin-fach. Ryw giamocs jimnasteg o'n ni am neud.

Ray Powell Felin-coed, Tal-sarn gynt, yw'r fenyw anffodus sy'n ca'l y driniaeth o'r tu ôl.

Merched pert Tal-sarn yn danso, coeliwch neu beido. O'r chwith: y diweddar Keri Griffiths Tal-sarn, Mel Jenkins Blaen-plwyf, fi yn y pinc, y diweddar Gareth Evans Tal-sarn, Brinley 'y mrawd a'r diweddar Gareth Davies Sych-bant.

Fi a Kitty yn barod am *ballroom dancing* – hi fel 'fe' a fi fel 'hi'.

Tony ac Aloma OAP
neu fi a Betty Davies,
Sych-bant mewn
steddfod ddwl yn Theatr
Felin-fach, Mawrth
1988 a'r lle dan 'i sang.

Aneurin 'Liberace'
Davies a Gareth 'Diva'
Davies yn perfformo yn
Theatr Felin-fach. O'dd
y whare piano a'r canu
gystel â'i gilydd.

Criw ohonon ni'n neud danso 'gwirion' yn steddfod ddwl Dyffryn Aeron 'to.
Ro'n i'n neud dawns y glocsen mewn denims a thamed bach o rap yn y canol.

Country *and* Western, yn llythrennol. Wedi gwisgo lan fel indian gyda brenhines canu gwlad Cymru, Doreen Lewis ar gyfer rhaglen deledu *Noc Noc*.

'Co fi fel … wel, gwedwch chi … thema ganoloesol o'dd i barti opera sebon *Bontlwyd* dwi'n cofio ond sa i'n cofio os joies i ne' beido.

Fi a'n ffrind Gareth Davies Glan-wern Felin-fach, yn 1989 ar y pwdin.

Joio gyda Gareth Sych-bant 'to… mewn parti arall…

Rhan o gorws pantomeim Felin-fach ar ddachre'r nawdege, a'r syndod mowr yw ein bod ni wedi gwisgo lan fel menwod 'to! Allwch chi sboto Terwyn a fi?

Mwy o de ficer? Fel parchedig mewn sioe gan Dafydd Aeron yn yr eglwys. Gan fod 'y nghof i mor wael, ma ngeirie i wedi'u cwato yn fy hat.

Thumbs up, here we go!

Llosgi rwber ar drac rali yn swydd Gaer. Ges i ddiwrnod mas yn ralïo fel presant oddi wrth y plant. Fel hyn chi'n dreifo os chi am jobyn AI!

Hywel Williams, y diweddar Lyn Havard, Rod Davies ac Emrys Jones yn pwyso ar gât yn edrych ar dda mewn ca' ar drip gyda Grŵp Trafod Llanbed – 'sdim ise lot i'n diddanu ni. Ma'r menwod dal ar y bws, nhw sy galla.

Ann James yn oedi dros gwpaned yng nghwmni dou o aelodau hynaf y grŵp trafod mas ar ffarm ger carchar Dartmoor; y diweddar Dai Davies Castell, Llanbed a Tomi Price Gelliwrol, Cwm-ann.

Gyda Margaret Dalton yn Stormont Belfast ar un o'n tripie ni – nethon ni ganu yno hefyd. Ni oedd y criw cynta i gael mynd 'na ar ôl i'r lle gael 'i losgi.

Llond whilber o drwbwl. Margaret Dalton a fi ar drip arall, ar ynys Easdale yn yr Alban tro 'ma. Do'dd dim ceir 'da nhw yno a rhesteri o whilberi o'dd yn ein disgwl i'n cario ni ambyti.

Tra'n bod ni ar ynys Easdale, fe stopodd y bws a finne'n esgus bod yn fatador, yn fachan mowr i gyd, o'dd y fuwch ddim yn impresd.

Y Gwyddel a'r Cymro – yng nghwmni'r diddanwr Richie Kavanagh yn ffaelu credu'n llyged. Un o ganeuon enwoca Richie yw 'The Mobile Phone', sy'n neud i bawb i wherthin. Ry'n ni ar un o'n tripie gyda'r grŵp trafod yn Carlow, Iwerddon, a whare teg, ddoth Richie mas i roi nosweth o adloniant heb godi ceinog arnon ni.

Y Davieses dan glo: fi, Eifion Davies Cwm-ann, Rod Davies Llanfihangel-ar-arth a John Davies Castell, Llanbed.

Arestio Rod Davies – hen bryd!

Rhoi perfformans yn Beamish gyda Denley Jenkins, nethon ni *encore* hefyd.

Yn yr Alban yn joio 'to –
och aye the noo …

'Co fi lan at 'y nghesel yn dangos shwt ma neud gwaith AI yn swydd Efrog ar drip i ardal James Herriot.

Y brodyr John a Dai Evans Bronant ar un o'r tripie, ma nhw'n dal i whilo am bobi fenyw!

Gwisgo hat polis tro 'ma ar un o'n tripie i'r north ac Alun y gyrrwr bws a hen fenyw fach Cydweli'n rhoi lifft i fi.

Tipyn o syrpreis o'dd 'y mharti yn chwedeg.

Y tri thenor: Denley Jenkins, Rod Davies a fi yn 'i morio hi yn y parti.

Fi a Glyn a Beth Davies fferm Lloyd Jack, Susan a Dilwyn Jones Dol-coed yn joio canu i gyfeiliant Bryan yr Organ

Fy nghacen ben-blwydd flasus; Maud Evans, chwaer Mam, fu'n gyfrifol am 'i neud hi.

Ma patrwm gwaith dyn tarw potel fel finne wedi newid yn fowr ers i fi ddachre 'nôl yn 1979. Ro'dd tri ar ddeg o ddynion tarw potel yn gyfrifol am yr holl ardalo'dd ar y dachre. Dim ond dou ohonon ni sydd wrthi heddi, felly, ma'r pwyse gwaith wedi cynyddu. Ma'r ardal yn un fowr iawn yn ddaearyddol. Fe alla i fod lawr yn Llandysul yn y bore, ond wedyn amser cino allen i fod ar ffarm ym Mhontarfynach ger Aberystwyth. Ma'r dyn AI arall sy'n gweitho yn yr un ardal â fi'n trafaelu rhwng Sarnau ger Aberteifi bob dydd lan hyd at Fachynlleth. Ma'n rhaid i fi gyfadde 'i fod yn gallu bod yn waith blinedig erbyn heddi. Fe fydda i mas o'r tŷ am saith o'r gloch bob bore, a ddim 'nôl gartre tan tua phedwar yn y prynhawn, yn dibynnu ar faint o alwade fydd 'da fi. Sai erio'd wedi bod yn dda iawn 'da'r compiwtyrs 'ma, ond coeliwch chi fi, dwi wedi gorffod dysgu'n glou. Ma compiwtyr bach 'da fi yn y car sy'n cofnodi pob galwad, ac fe fydda i'n lawrlwytho'r manylion ar hwnnw yn y nos fel bod y cyfan yn mynd 'nôl i'r brif swyddfa. Fe gymerodd hi dipyn o amser i fi ddod i ddeall hwnnw, a dwi wedi rhegi a gweiddi sawl tro, ond rwy'n credu bo fi 'di deall be sy'n rhaid i fi ddeall ambytu fe erbyn hyn.

I bobol y tu fas i'r byd ffarmo, ma'r syniad mai gweitho fel dyn tarw potel ydw i yn gallu bod yn un rhyfedd ar y naw ar yr olwg gynta, yn gomic hyd yn oed, siŵr o fod. Ond sai'n gweld dim yn od yn y gwaith erbyn hyn: ma'n rhan o batrwm bywyd i fi, ac fe fydda i'n joio mynd i siarad â chymdeithase a mudiade gwahanol am beth dwi'n 'i neud a'r storis sydd 'da fi i i'w hadrodd sy'n dod yn sgil y gwaith 'ma.

Pan o'n i'n dathlu pum mlynedd ar hugen o fod yn neud y gwaith 'ma, fe ges i'r cyfle i fod yn rhan o eitem ar raglen

Ffermio ar S4C. Sulwyn Thomas o'dd un o'r cyflwynwyr yn ystod y cyfnod hwnnw, ac fe dreuliodd e a chriw ffilmo cwmni Telesgop ddiwrnod cyfan yn 'y nghwmni i. Fe fuodd y criw ffilmo gartre ym Mlaen-plwyf Lodge, yn fy ffilmo mas gyda'r defed. Sioned McCue o Gaerfyrddin o'dd y cyfarwyddwr, gyda Geraint Jones o Dŷ-croes, Rhydaman yn ddyn camera, a Chris King o Langybi yn ddyn sain. Ro'n nhw'n griw grêt i weitho gyda nhw, a dwi'n cofio'r diwrnod hwnnw fel 'se fe'n ddoe. Fe fuodd Sulwyn yn cyfweld â fi mas yn y ca' wrth i fi fwydo rhai o'r defed sydd gyda fi. I rai sy'n gwbod shwt ma rhaglenni teledu'n ca'l 'u cynhyrchu, fe fyddwch chi'n gwbod bod y dyn sain fel arfer yn rhoi meicroffon bach iawn ar eich corff – un sy'n clipo wrth grys neu siwmper – gyda phecyn electronig wedyn yn iste'n dwt yn eich poced chi.

Ar ôl i Chris King roi'r meicroffon arna i, fe a'th Sulwyn ati i fy holi am y defed a'r stoc o'dd 'da fi gartre ar y tyddyn. Er mwyn ca'l y defed yn agos ata i yn ystod y cyfweliad, ro'n i wedi dod â bwceded o gêc defed gyda fi, fel ffordd i'w ca'l nhw i aros ar 'y mhwys i drwy'r cyfweliad. Ar ôl rhai munude o ffilmo, dyma'r dyn sain yn gweud nad o'dd e'n gallu clywed fy llais i yn 'i hedffôns e ragor. Rhyfedd, feddylies i. Yna, wrth edrych lawr, dyma fi'n gweld dafad yn cnoi ar weiren y meic – ro'dd hi wedi tynnu'r meic oddi ar fy siwmper ac yn ca'l rhyw drît ecstra i'r cêc. Fe wherthinodd Sulwyn yn iach iawn, yn ôl 'i arfer, ac fe gelon ni dipyn o hwyl yn trial ca'l y meicroffon 'nôl gan y ddafad. O'dd dim lot o siâp ar y meicroffon wedi hynny, cofiwch.

Er mwyn ca'l fy ffilmo mas ar y rownds, fe ofynnes am ganiatâd gan Ieuan a Jane Jones, Pwllybilwg i ffilmo yno. Fe dda'th Sulwyn a'r criw gyda fi i Bwllybilwg, ac fe ffilmwyd fi'n rhoi tarw i fuwch fach o'r enw Dolig. Wrth ffilmo, ro'dd yn rhaid i Ieuan a fi fihafio'n naturiol, fel tase'r camera ddim yno. Dyma fi'n gweud wrth Ieuan wedyn, 'Cofia di nawr, os bydd y fuwch hyn yn sefyll y tro cynta, bydd hi'n blinco.' Sai'n siŵr pam wedes i 'ny. Fe welodd Sulwyn e'n ddoniol, a do'dd Ieuan ddim yn siŵr a o'n i'n gweud y gwir ai peido. Whare lan i'r camera o'n i'n neud wrth gwrs, ca'l jôc fach ar y sgrin. Ond 'sdim gwirionedd yn yr hyn wedes i ... Wel, sai'n credu, ta beth ...

Ces i brofiad bendigedig arall o fod ar y teledu yn 2010, pan dda'th y gantores Shân Cothi mas ar leoliad 'da fi ar ffarm Tŷ-llwyd ger Llanbed i ffilmo rhifyn o'r gyfres *Bro* ar S4C. Ro'dd *Bro* yn gyfres lle bydde Iolo Williams a Shân yn trafaelu i ardalo'dd gwahanol o Gymru bob wthnos i ddod i nabod cymeriade'r ardal yn well. Fy mab, Terwyn, o'dd yn cynhyrchu a chyfarwyddo'r gyfres ar y pryd ac fe gelon ni dipyn o hwyl y diwrnod 'ny, wrth i fi drial dysgu Shân shwt i roi tarw i fuwch! Geraint Jones o Dŷ-croes o'dd wrth y camera 'to, gyda Cheryl Jones o Lanbed ar y sain, a Teleri Siân Richards o Landdarog yn ymchwilio. O'n i'n eitha ecseited i ga'l gweitho 'da Shân ac am ryw reswm o'n i'n nyrfys. Fe ddechreuon ni ffilmo wrth gefen y fan, a'r syniad gan Terwyn o'dd i Shân neud rhyw 'dransfformeshyn' mowr ar ddiwedd y cyfweliad gan newid i glogyn AI sbeshal. Ond o'n i'n rhy awyddus yn ystod y cyfweliad i fynd â hi rownd y gornel i newid i mewn i'r clogyn. Ro'dd tueddiad i fi weud, 'Dere rownd y cornel 'da fi,' o'dd yn swno'n anweddus o rong yn ôl rhai o'r tîm cynhyrchu. Ma'n siŵr bo ni wedi gorffod neud y cyfweliad ryw beder gwaith yn y diwedd. Ma'n jobyn ca'l y geirie mas yn glir pan ma slabyn o gamera o'ch bla'n chi hefyd. Ac wrth i fi ateb Shân ar ôl iddi ofyn i fi beth o'dd y broses, dries i weud bod yn rhaid i fi roi'r strô o'dd yn dal yr had yn 'i le a wedyn fydden i'n 'barod i'r acsion'. Yn anffodus, dda'th e mas fel 'barod i erecsion'. Wel, fe stopodd hwnna yr holl ffilmo yn 'i dracs achos o'dd Shân, finne a phob un arall yn ein dwble yn wherthin. Ond byddwch chi'n falch o glywed bod Shân wedi paso yn 'i thest i fod yn fenyw AI yn y diwedd ac fe dda'th hi i ben â gwasgu'r had i'r man iawn yn y fuwch, gyda help wrtha i, wrth gwrs.

Do'dd rŵls *Health and Safety* ddim yn gadel i Shân neud y cyfan ar sgrin. Ro'dd hi'n grêt ca'l gweitho gyda hi, nele hi fenyw AI digon deche, ac ma digon o'i hise nhw. Ma hi'n llawn hwyl a wherthin, a'r un yw Shân oddi ar y sgrîn ag yw hi arni. Fe fydda i'n dal i'w gweld hi o dro i dro mewn sioeau ac ati, ac ma hi wastad yn eich gweld chi. Ma Terwyn a hithe wedi cadw mewn cysylltiad hefyd ar ôl i'r gyfres ddod i ben, ac ma'n nhw'n dal i fod yn ffrindie.

Ma Terwyn a Delyth wedi bod yn gefen mowr i fi dros y blynyddo'dd, a dwi'n lwcus iawn o'u ca'l nhw'n blant i fi. Ma 'mywyd i yn 'y ngwaith wedi bod yn bleser pur ar hyd y blynyddo'dd, a dwi wedi joio pob eiliad.

Pethe'n dod i ben

Ma'n bywyd teuluol ni ar gyfnode wedi bod yn anffodus ac yn drist iawn. Yn Ionawr 1993 a'th fy ngwraig Kitty i deimlo'n anhwylus. Fe ddechreuodd ga'l gwinie yn 'i braich whith, ac ro'n i'n gwbod nad o'dd hi'n gant y cant. A'th hi i weld y doctor yn Aberaeron, ac fe gyfeiriodd hwnnw hi at arbenigwr yn Ysbyty Bron-glais yn Aberystwyth. Ond ar ôl trafod gyda'r arbenigwr, dyma hwnnw'n gweud wrthi nad o'dd yn gallu gweld bod dim yn bod arni, ac yn 'i hala hi 'nôl gartre.

Erbyn mis Mawrth y flwyddyn honno, ro'dd Kitty'n dal i ga'l poene yn 'i braich, ac ro'n nhw fel 'sen nhw'n gwaethygu. A'th 'nôl at y doctor eto a cha'l *x-ray*, a dyma 'i hala unwaith yn rhagor i weld yr un arbenigwr â'r tro dwetha yn Aberystwyth. Ro'dd e'n gweud y tro hyn nad o'dd e wedi 'i gweld erio'd o'r bla'n. Do'n i ddim yn gallu credu'r hyn o'n i'n 'i glywed, fe ofynnes i iddo fe a o'dd gyda fe unrhyw gofnod o Kitty ar ffeil yn rhwle ers ein hymweliad dwetha, ond y cyfan wedodd e o'dd nad o'dd e'n gallu neud dim am rheiny y diwrnod hynny achos bod 'i ysgrifenyddes e ar 'i gwylie. Anhygoel! Es i ddim i wylltu pryd 'ny, o'dd pethe mwy 'da ni i fecso ambytu.

Ro'dd Kitty a finne wedi synhwyro erbyn hynny mai canser o'dd arni. A phan aethon ni 'nôl at ein doctor ein hunen, fe gyfeiriodd ni'n syth at arbenigwr, yr Athro Mansel, yn Ysbyty'r Brifysgol yng Nghaerdydd, ac ro'n ni fod i fynd i'w weld e yng Nghaerdydd y diwrnod wedyn. Da'th hyn fel sioc fowr i ni'n dou ar unwaith.

Ro'dd y siwrne i Gaerdydd y diwrnod wedyn yn teimlo'n hir iawn, ond ro'dd yr Athro Mansel yn ŵr bonheddig ac yn hynod o sensitif.

'Let me tell you the good news and the bad news,' medde fe wrthon ni yn 'i stafell.

'The cancer hasn't spread to anywhere else. But the bad news is that we can't operate because the cancer is near the main artery.'

Fe wedodd wedyn bod modd lleihau'r canser drwy gyfres o sesiyne o cemotherapi a radiotherapi. Ro'dd y drinieth cemotherapi yn para ryw saith wthnos i gyd, a'r radiotherapi ryw beder wthnos. Ma Caerdydd yn siwrne un ffordd o ddwy awr o'n cartre ni ac ro'dd rhaid i ni drafaelu i Ysbyty Felindre erbyn tri o'r gloch bob dydd yn ystod y cyfnod 'ny fel bod Kitty'n gallu ca'l y drinieth. Fe weles i'r cyfnod hynny'n straen ofnadw. Ro'n i'n dal i weitho bob bore ac yn trial bennu tuag un bob prynhawn er mwyn cyrra'dd Caerdydd erbyn tri, ac ro'dd hyn yn blino llawer iawn arnon ni'n dou.

Fe benderfynon ni'n gynnar iawn ar ôl clywed bod Kitty'n sâl na fydden ni'n gweud lot wrth y plant am yr hyn o'dd yn bod ar 'u mam. Ro'dd Terwyn yn beder ar ddeg ac ar fin paratoi ar gyfer 'i egsams TGAU, a Delyth yn ddeuddeg oed. Fe fydde clywed am salwch 'u mam wedi effeithio'n ormodol arnyn nhw falle, ac fe fuodd ffrindie a theulu da a dibynadwy'n gofalu amdanyn nhw ar ôl ysgol a chyda'r nosweithie ar adege. Fe fydda i wastad yn ddiolchgar i fy ffrindie hynod; Glyn a Beth Davies o Lloyd Jack, Felin-fach a Susan a Dilwyn Jones Dol-coed, Felin-fach am fod yn gefen i ni gyd fel teulu yn ystod y cyfnod anodd hwnnw. Ar adege fel hyn ry'ch chi'n ffinjo mas pwy yw'ch ffrindie go iawn.

Ym mis Mawrth 1994, ro'dd Kitty i fod i ga'l llawdrinieth, ond
y diwrnod cyn y dyddiad fe gelon ni alwad ffôn gan yr Athro
Mansel eto yn gofyn i ni fynd lawr i'w weld e erbyn pedwar
y prynhawn hwnnw. Ar ôl ca'l yr alwad honno ro'n i wedi
synhwyro nad o'dd 'dag e newyddion da i ni. Ac ro'n i'n iawn.
Do'dd dim modd iddyn nhw roi llawdrinieth i Kitty achos fod y
canser wedi lledaenu i'r arenne a'r sgyfaint. Fe gafodd 'i chadw
mewn dros nos rhag ofan 'i bod hi'n blino gormod yn trafaelu
'nôl a mla'n i Gaerdydd. Er bo fi fod 'nôl lawr yng Nghaerdydd
erbyn naw y bore wedyn, dod 'nôl gartre wnes i er mwyn gweld
y plant, er 'i bod hi wedi bod yn siwrne yffyrnol yr holl ffordd
gartre gyda 'mhen i'n mynd i bobman.

Ond am naw y bore, dyna ble'r o'n i, 'nôl yng Nghaerdydd
ac yn Ysbyty Felindre. Fe ddaethon nhw draw â Kitty o'r Heath
er mwyn i ni'n dou ga'l cwrdd ag arbenigwr arall, sef Dr Peter
Barrett-Lee. Dyn caredig iawn o'dd Dr Barrett-Lee, ond a'th e
ati'n syth i dorri'r newyddion i ni.

'Mae eich bywyd ar ben,' medde wrth Kitty. Jyst fel'na.
'Mwynhewch yr amser sy gyda chi cyment ag y gallwch chi.
Dim ond tri mis sydd ar ôl gyda chi i fyw.'

Fe'n lloriwyd ni – dyna beth o'dd y newyddion gwaetha
posib. Ro'n ni'n dou wedi ofni clywed y geirie 'na ac fe ddethon
nhw fel tunnell o frics ar ein penne a whalu'n bywyde ni.

Penderfynodd Kitty a finne nad o'dd pwynt iddi fod yn
gaeth i wely yn yr ysbyty. Fe ddreifon ni adre felly'n drwm ein
calonne ac yn teimlo fel tase rhywun wedi tynnu'r holl nerth
mas ohonon ni.

Ro'dd mynd i'r gwaith y diwrnod wedyn yn galed iawn
i fi. Do'n i ddim yn canolbwyntio lot ar y gwaith o gwbwl, a
hynny am y tro cynta ers i fi fod yn y jobyn. Wnes i ddim byd y

diwrnod 'ny – dim ond hel meddylie a meddwl llawer am pryd fydde'r diwedd yn dod.

Erbyn Gorffennaf 1994, ro'n i'n gallu gweld bod bywyd Kitty'n dod i ben. Ro'dd hi'n gwaethygu bob dydd, ac ro'n i'n gweld bod 'i henaid yn ca'l 'i dynnu allan ohoni. Ro'dd hi mor drist i weld y ferch ifanc bengoch fywiog ro'n i wedi 'i nabod a'i charu er pan o'n ni'n dou yn ein harddege yn dirywio'n glou o mla'n i.

Fe adawodd Kitty ni ar 4 Awst 1994 yn bedwardeg dwy oed, ac ma hi wedi'i chladdu ym mynwent Eglwys Trefilan ger pentre Tal-sarn. Gadawodd marwoleth Kitty graith fowr iawn ar 'y mywyd i, ond ro'dd un cysur i fi wrth gofio nad o'dd hithe mewn poen rhagor. Falle bod hwnna'n swno braidd yn ystrydebol, ond ro'dd 'i gweld hi'n nychu a diodde wedi bod yn artaith i fi.

Wyth mis yn ddiweddarach, bu farw fy chwaer-yng-nghyfraith, Heulwen, sef gwraig fy mrawd hyna, Brinley; trideg naw mlwydd oed o'dd Heulwen yn marw. Ro'dd hithe wedi bod yn brwydro'n erbyn canser hefyd, ac fe adawodd hi ddou o blant bach ar 'i hôl. Ro'dd Carwyn yn saith ac Eifiona'n bump. Do'dd colli dou aelod agos o'r teulu mewn llai na blwyddyn ddim yn rhwydd iawn i'w dderbyn, a ga'th y golled effaith fowr iawn iawn ar ein teulu ni, yn enwedig ar fy mam, o'dd wedi gweld dou fab yn colli'u gwragedd i glefyd mor greulon. Ma Heulwen hefyd wedi'i chladdu ym mynwent Trefilan, yn y bedd nesa at Kitty, fel ma'n digwydd.

Buodd fy nhad, Melville, yn weithwr caled ar hyd 'i oes, ac ro'dd yn joio ar y ffarm. Y moch a'i gŵn Labrador o'dd 'i fywyd e ac ro'dd e'n dal i weitho orie hir tan ro'dd e'n 'i saithdege. Do'dd fel tase dim sôn o riteiro o gwbwl yn perthyn iddo fe. Ac

yn sydyn iawn tra ro'dd e'n cerdded ar hyd y clos un bore yn
Ionawr 2000, fe gwmpodd yn farw. Ro'dd e'n saith deg dwy
oed. Ma colli rhiant yn dipyn o beth, 'sdim ots faint yw'ch oed
chi, a do'dd 'da fi neb gartre i siarad am y peth chwaith.

Ond os nad o'dd hynny'n ddigon, da'th clatshen fowr
arall i'r teulu wedyn yn Awst 2010. Fe fuodd 'y mrawd bach,
Clive, farw. Hanner cant a saith oed o'dd Clive ac ro'dd wedi
ffindo mas fod ganddo ganser y pancreas dim ond deufis a
hanner ynghynt. Ma canser y pancreas yn glefyd ofnadw. Ma'n
effeithio ar rywun mor glou, ac anamal iawn ma rhywun yn
gwella o'r cyflwr.

Ro'dd e'n ca'l 'i nabod gan bawb fel Clive y Gof ac wedi
setlo ers blynyddo'dd yn ardal Abermagwr a Thrawsgoed ger
Aberystwyth gyda'i wraig, Margaret a'u plant, Rhian a Dylan.
Ro'dd Clive yn fachan cryf iawn o ran corff, yn llawn sbort,
ac yn boblogedd iawn yn 'i ardal. Ro'dd gra'n arbennig i'w
waith e, o'r pedole i'r gwaith harn mwy o seis. Dyn gweithgar
fel cynghorydd bro o'dd Clive, ac yn un o brif stiwardied yr
adran bedoli yn y Roial Welsh. Da'th y newydd am 'i farwoleth
yn sioc ac yn siom fowr i ardal gyfan ond yn gyment mwy i ni
fel teulu. Ro'dd hon yn glatshen greulon arall, nad o'dd dim
esboniad arni.

Da'th canno'dd i'w angladd cyhoeddus yn yr amlosgfa yn
Aberystwyth ac ro'dd hyn yn dangos yn glir cymint o'dd Clive
y Gof yn golygu i lot fowr o bobol. Rai wthnose wedi'r angladd,
fe drefnodd pobol ardal Llanfihangel-y-Creuddyn gyngerdd
er cof amdano yn yr eglwys yng nghanol y pentre. Dwi ddim
yn credu fod 'na'r un llygad sych yn yr eglwys y noson honno,
pan adroddodd merch ifanc o'r ardal, Mared Hopkins o
ffarm Pengwernydd, Pontrhydygroes, gerdd yr o'dd hi wedi'i

sgrifennu er cof amdano, a diolch iddi am adel i fi rannu'r gerdd
'da chi fan hyn …

Crefftwr

Yr Efail sydd yn ddistaw
A charnau'r ceffylau'n fud,
Bu farw crefftwr,
A rannodd ei waith â'r byd.

Dioddef oedd yn dawel,
Dyrnu haearn wnaeth bob dydd,
Plesio pawb â'i waith,
Ond ei guriadau aeth yn fud.

Dan glo yn awr mae'r Efail,
difywyd ydyw'r morthw'l,
Y tân sydd heb ei danio,
o hyd sydd ar ein meddwl.

Cannoedd wrth ei feddrod,
wylo mae pob un
wrth feddwl nad yw marwolaeth
yn rhannu dyn wrth ddyn.

Ei grefftwaith sydd nawr yn atgof
Paham y cafodd ei gipio?
Duw oedd eisiau ei ddoniau
er mwyn i'r Nefoedd gael ei haddurno.

Anghofiwn fyth mo'i ysbryd,
yr atgofion sydd yn ein cof,
fe roddodd ei fywyd i'w grefft.
Y bonheddwr, Clive y Gof.

Ody, ma hi wedi bod yn ryff reid, fel ma'n nhw'n gweud, o
ran shwd ma'n bywyd ni fel teulu wedi bod. Dwi wedi holi'n
hunan sawl gwaith yn ystod y blynyddodd dwetha, pam fod
yr holl bethe hyn wedi digwydd i'n teulu ni. Ces fy magu'n
mynd i'r eglwys yn Nhrefilan, gyda fy rhieni'n neud llawer
iawn yno – y ddou'n wardenied ar wahanol adege. Ro'dd Kitty
hefyd wedi'i magu'n mynd i'r eglwys yn Silian yn rheoledd
yn 'i phlentyndod, ac fe fuodd hi'n athrawes ysgol Sul gyda
Betty Davies, Sych-bant yn Nhrefilan am gyfnod hefyd. Ma'r
colledion 'ma i gyd wedi neud i fi gwestiynu crefydd yn fowr.
Dwi wedi cwestiynu gymint nes alla i weud bo fi wedi colli pob
ffydd. Anamal iawn yw'r cyfnode lle dwi wedi bod yn mynd
i'r eglwys ers hynny i weud y gwir, dim ond ambell i gwrdd
diolchgarwch neu wasaneth Nadolig falle. Dwi ddim yn teimlo
bo 'na neb uwch ein pen ni wedi bod yn wotsho ar ein hôl ni'n
ystod y blynydde dwetha. Ma lot yn ca'l cysur mewn crefydd
pan ma'n nhw'n colli rhywun sy'n agos iddyn nhw. Alla i weud
mai fel arall ma hi wedi digwydd 'da fi.

Dal i fynd

Ma'n rhaid i fi gyfadde 'mod i wedi stryglo ar ôl colli Kitty. Ro'n i bellach yn rhiant sengl gyda dou o blant yn 'u harddege i'w magu. Ro'n i'n gweld gweitho bob dydd, ac ambell ddiwrnod ag orie hir, yn faich. Ro'n i'n dibynnu'n lot fowr ar ein ffrindie i helpu pan o'dd ise, ac ro'dd rhaid i'r plant dyfu'n oedolion dros nos, yn llawer cynt nag y dylen nhw fod wedi neud, falle. Hyd heddi, dwi mor falch ohonyn nhw, y ddou ohonyn nhw, a'r hyn ma'n nhw wedi llwyddo 'i neud â'u bywyde, a dwi'n siŵr bydde'u mam nhw'n falch iawn ohonyn nhw hefyd …

Fe ga'th ein mab Terwyn amser caled yn yr ysgol achos bo 'dag e atal dweud drwg yn 'i arddege. Ma plant hefyd yn gallu bod yn greulon ar y gore, ac fe fydde fe'n dod gartre'n amal yn anhapus. Ro'dd Kitty wedi bod yn mynd â fe i weld therapydd lleferydd yn Aberaeron i drial gwella'r atal.

Er pan o'dd e'n ifanc iawn, iawn ro'dd Terwyn yn bendant 'i fod am weitho ym myd y teledu neu'r radio. Ro'dd Kitty a finne'n gallu gweld hynny yn ôl yr orie y bydde fe'n hala ar bwys y chwaraewr recordie yn esgus cyflwyno'i raglenni'i hunan. Ro'dd y ddou ohonon ni'n becso a fydde fe'n llwyddo o gofio am yr atal o'dd arno fe.

Ond i'r byd yno yr a'th yn y diwedd. Rhoddodd Geraint Lloyd ac Ellen ap Gwynn rai o'i gyfleo'dd cynta iddo fe i gyflwyno'i raglenni 'i hunan ar y radio lleol yn Radio

Ceredigion ganol y nawdege. Ro'n ni'n gallu gweld, gydag amser, i'r profiad hwnnw helpu iddo ddod dros damed bach o'r atal hefyd. A'th ymla'n i ddilyn cwrs cyfryngol yn y Brifysgol ym Mangor gan raddio yn 2001 ac fe a'th i weitho bron yn syth wedyn i gwmni cynhyrchu Telesgop. Mae e'n dal i weitho yno ac ma fe wedi ca'l pob math o brofiade gwych yn y byd teledu. Buodd e'n gweitho a chyflwyno eiteme ar raglen *Ffermio*, cynhyrchu a chyfarwyddo peder cyfres o *Bro* ar S4C, ac yn fwy diweddar mae e wedi bod yn cynhyrchu rhaglenni radio dyddiol Iola Wyn, Heledd Cynwal ac Andrew 'Tommo' Thomas o'r gorllewin ar BBC Radio Cymru. Ma Terwyn wastad wedi lico bod yng nghwmni pobol – hen bobol yn fwy na'r rhai ifanc – ac ma fe'n joio clywed 'u storis nhw. Felly, ma fe siŵr o fod yn y jobyn iawn!

Dwi'n falch iawn hefyd iddo ga'l y cyfle i wireddu'i freuddwyd fowr, sef ca'l bod yn un o gyflwynwyr BBC Radio Cymru am gyfnod o bron i naw mlynedd ar raglenni fel *C2* a *Steve a Terwyn*. Do, fe ga'th e siom pan dda'th y gwaith cyflwyno cyson i ben yn 2008 achos 'i fod e wedi gweitho mor galed a dod dros sawl rhwystr i gyrradd 'na. Ond mae e'n deall erbyn hyn shwt ma'r diwydiant 'na'n gallu bod. Ma'n dibynnu pwy ma'r person sydd ar y top yn y diwydiant yn 'i lico. Os nad y'ch chi ar 'u list nhw o ffefrynne, chi mas. Ond trwy lwc, ma Terwyn yn ddigon call i godi'i ben lan a chlatsho mla'n 'da phethe. Ody, mae e'n colli'r gwaith cyflwyno'n fowr, ond ma'r rhod gyflwyno'n troi o hyd yn y byd darlledu, a falle y daw cyfle arall 'to ryw ddydd.

Ma fe'n briod erbyn hyn â Ceri, merch hyfryd o Wrecsam, sy'n gweitho fel cyfieithydd gyda chwmni Trosol. Dw i a Ceri'n cyd-dynnu'n dda iawn. Ma ganddi hiwmor iach, ac yn joio

lot o sbort. Ges i ffwdan deall 'i hacen hi ar y dachre ma'n
rhaid i fi gyfadde, ond fe helpodd hi fi i dynnu tractor mas o'r
mwd mewn ca' un tro, ro'dd hi'n *dab hand* ar y tractor, mwy
na fuodd Terwyn erio'd. A whare teg iddi, ma'r ferch o'r dre
fowr wedi setlo mewn yn grêt gyda ni'r *country bumpkins* o
Geredigion.

Os mai'r teledu a'r radio o'dd diléit Terwyn pan o'dd e'n fach, y
byd trin gwallt o'dd yn mynd â bryd Delyth. Ond, ro'dd Delyth
hefyd yn lot fwy o un am y ffarm a phopeth o'dd yn mynd 'da'r
bywyd hynny nag o'dd Terwyn erio'd. Pan fydden ni'n cneifo
gartre yn Blaen-plwyf Lodge yn yr haf, Delyth fydde mas 'da
ni'n paco gwlân y defed bob tro, tra bydde Terwyn 'nôl yn y tŷ,
yn paratoi te erbyn yr amser pan fydden ni wedi bennu.

 Ar ôl gadel ysgol, cafodd Delyth gyfle i fynd i weitho fel
prentis gwallt gyda Hazel Thomas a'i gŵr ar y pryd, Tony
Unsworth, yn 'u salon yn nhre Llanbed. Dyma lle o'dd Delyth a
Kitty wastad wedi bod yn torri'u gwallte, felly o'n nhw'n nabod
Hazel a Tony'n iawn. A phan benderfynodd Hazel a Tony 'u bod
am werthu'r busnes ar Sgwâr Harford, cafodd Delyth y cyfle i
brynu'r busnes a'r adeilad. Ac ma hi 'na ers sawl blwyddyn nawr,
yn cynnal busnes llwyddiannus yn 'i milltir sgwâr, sy'n dipyn
o beth i allu gweud y dyddie 'ma. Ac ma hi wrth 'i bodd yno'n
cwrdd â chymeriade o bob math bob dydd. Ma hithe'n un am
gwrdd â phobol a chymdeithasu hefyd, yn gwmws fel 'i thad.

 Serch mai yn Llanbed ma'r gwaith, ma Delyth bellach yn
byw jyst tu fas i bentre Beulah ger Castellnewydd Emlyn gyda'i
gŵr, Teifi Jenkins. Ma Teifi'n fab i Denley a Brenda Jenkins,
Pantyrodyn, Brongest; ac yn ŵyr i deulu'r James, ffarm Tŷ-hen,
Beulah sef y ffarm brynodd y cobie Cymreig werthodd Mam-gu

ar ôl i Dad-cu farw 'nôl yn y pumdege. On'd yw'r byd yn fach? Ma Teifi'n ffarmwr o'r crud, weden i; fe ddangosodd e hynny i bawb trwy Gymru yn 2010 pan enillodd e gystadleueth y rhaglen *Fferm Ffactor* ar S4C. Fe adeiladodd Delyth ac ynte dŷ newydd ar dir ffarm Tŷ-hen, ac ma'n nhw wrth 'u bodde yno.

Ma bywyd newydd wastad yn dod â llawenydd i deulu ac yn 'i adfywio – ma fe'n bendant wedi dod â llond ca' o hapusrwydd i fi. Achos, odw, dwi bellach yn dad-cu i Steffan Teifi a Cerian Kitty, sef plant Delyth a Teifi. Da'th Steffan i'r byd yn 2011, a ganwyd Cerian yn haf 2013. Ma'n nhw wedi trawsnewid 'y mywyd i'n llwyr, ac ma Dad-cu wrth 'i fodd yn 'u sbwylo nhw bob cyfle geith e.

Gydag unrhyw golled mewn teulu, ma'n rhaid i chi fod yn berson cryf iawn i gario mla'n â'ch bywyd, ta pa mor galed all e fod. Dyw pawb ddim yn gallu ca'l y cryfder i fyw bywyd llawn ar ôl marwoleth gŵr neu wraig – wela i ddim bai ar unrhyw un am ffindo pethe'n anodd. Er bo fi wedi stryglo yn 'y ngalar ar ôl colli Kitty, ro'dd yn rhaid i fi godi'n hunan lan a chlatsho mla'n â 'mywyd. 'Na beth fydde hi moyn i fi neud hefyd, siŵr o fod. Do'n i ddim ise bod yn un o'r bobol 'na sy'n cau'u hunen yn y tŷ a byth yn mynd i unman a byth yn gweld neb. Ro'n ni'n lwcus iawn o deulu a ffrindie yr adeg hynny, ro'n nhw'n fy annog i ymwneud â phob math o gymdeithase a gweithgaredde hamdden. Ac er 'mod i'n gweld ise Kitty bob dydd o hyd, ma 'na bethe eri'll sy'n rhoi blas ar fywyd ac yn 'i neud yn werth 'i fyw.

Acto'r ffŵl ... dyna i chi berfformans

Da'th y theatr yn Felin-fach yn rhan bwysicach o 'mywyd i a bywyde'r plant. Ma'n dal i fod yn bwysig hyd heddi o ran hynny. Ambell waith, dy'n ni ddim yn gwbod pa mor lwcus y'n ni yng nghefen gwlad Ceredigion i ga'l lle mor bwysig â Theatr Felin-fach yn Nyffryn Aeron. Ma'r theatr wedi bod mor allweddol i fywyde sawl un ar hyd y blynyddo'dd. Ma sawl actor a phobol sydd yn wynebe cyfarwydd ar y teledu a'r radio yng Nghymru wedi bod trwy 'goleg' Theatr Felin-fach.

Un o'r cynyrchiade mwya poblogedd yno hyd heddi yw'r pantomeim Nadolig blynyddol enwog, neu fyd-enwog, hyd yn oed. Fe fues i a'r plant yn ymwneud â'r pantomeim am ryw dair blynedd ar ddeg. Ca'l y cyfle i ddianc o'r byd go iawn, i fynd mewn i hurtwch a rhialtwch cymeriade er'ill, ac i gymdeithasu â phobol yr ardal, dyna o'dd yr apêl fwya o ymuno â'r cast, fydden i'n meddwl. Ac fe gelon ni dipyn o sbort.

Ma 'na un pantomeim yn aros yn y cof gen i. Ro'n i'n acto un o aelode'r 'Hôm Gârd' y flwyddyn honno, a'r diweddar annwyl Elfed Lewys o'dd yn acto'r dyn o'dd yn gyfrifol amdanon ni, y Sarjant Mejor! Ro'n i wrth 'y modd yn actio 'da Elfed. Dwi'n cofio fe'n cyrradd yr ymarferion bob tro a'i gi bach yn gwmni iddo fe, ac fe fydden ni'n ca'l ambell i sgwrs ddiddorol iawn yn 'i gwmni – dyna chi ddyn o'dd yn gwbod lot am lot o bethe.

Ta beth, ar noson gynta'r perfformiad, ro'dd dwy anti i fi – Nancy Franklin a Maud Evans, sef dwy wha'r i Mam – o

Bencader, wedi penderfynu dod i 'ngweld i yn y pantomeim. Nawr, sai erio'd wedi bod yn dda iawn yn cofio geirie ar gyfer caneuon, neu unrhyw fath o sgript, ond y noson arbennig hon ro'n i mor ymwybodol bod y ddwy yn y gynulleidfa, yn wotsho popeth ro'n i'n 'i neud a gweud, wel, fe anghofies i'n leins! Dwi ddim yn cofio'r sgript yn iawn na chwaith shwt yn gwmws es i o'n lle, ond rhwbeth fel hyn ath hi; ro'dd Elfed i fod i ofyn cwestiwn i fi, ac ro'n i fod i ymateb yn gwmws fel o'dd e'n gweud yn y sgript. Ond gan bo fi wedi anghofio beth o'n i fod i weud, 'na'i gyd wedes i o'dd, 'Sai'n cofio, Syr.' Wel dyna o'dd y gwir truenus, allen i byth â bod wedi gweud dim arall ac ro'n i'n meddwl bod gweud 'ny'n well na gweud dim, siŵr o fod. Y cwbwl nath Elfed wedyn, whare teg, fel fydde unrhyw actor gwerth 'i halen wedi neud, o'dd adrodd 'y ngeirie i 'nôl wrtha i, a'r cyfan allen i weud ar ôl hynny o'dd, 'Ie, ie. 'Na chi, Syr.' Do'dd neb callach bo fi wedi neud annibendod o bethe, heblaw Elfed a finne. Wel, ac Euros Lewis o'dd yn sgripto a chyfarwyddo'r pantomeim ar y pryd. Ma 'da fi barch mowr at Euros. Ro'dd e'n gallu bod yn reit strict mewn ymarferion os nad o'dd rhywun yn gwbod 'i eirie, ond y cwbwl wedodd e wrtha i'r nosweth hynny o'dd, 'Des di off â honna'n dda heno.' Ie ond ddim trwy 'y ngallu i, whare teg, Elfed safiodd 'y nghroen i ac ar ddiwedd y nosweth, ro'dd Anti Maud ac Anti Nancy yn canmol 'y mherfformans i i'r cymyle.

Ond er bod Euros Lewis yn gallu bod yn strict, fe ddysges i lot ganddo fe hefyd. Ddysges i am bethe nad o'n i erio'd wedi meddwl amdanyn nhw o'r bla'n, pethe fel shwt i sefyll ar lwyfan, shwt i ddefnyddio'r llais yn iawn, ac mae e wedi rhoi'r cyfle i gyment o bobol ddatblygu 'u sgilie perfformo ac i fagu hyder o fla'n cynulleidfa. Ma 'da fi lot i fod yn ddiolchgar i rywun fel

Euros am roi cyfle i amatur bach fel fi i gamu ar lwyfan a
pherfformo yn y lle cynta.

Sai wedi bod yn un da iawn am gofio geirie erio'd,
fel ffindiodd Euros Lewis mas yn boenus o glou ym
mhantomeims Felin-fach. Ond un arall welodd bo fi'n
ofnadw am gofio geirie o'dd Dafydd Aeron, fu'n whare rhan
y Ficer ym mhantomeims Felin-fach am flynyddo'dd. Ro'n i'n
hen gyfarwydd â Dafydd achos bod 'i ddiweddar dad, Evan,
wedi bod yn gweitho 'da ni yn yr AI fel stocman.
    Bu Dafydd yn gyfrifol am sgrifennu sawl pasiant ar
gyfer aelode eglwysi Dyffryn Aeron ar ddachre'r nawdege,
ac ro'dd teuluo'dd o eglwysi'r dyffryn yn cymryd rhan gan
gynnwys ein teulu ni. Ro'dd y cynyrchiade hyn yn gyfle i
ddod â phawb at 'i gilydd, ac fe fydden ni'n ca'l tipyn o sbort
yn paratoi ar gyfer y perfformiade yn eglwys Llanfihangel
Ystrad. Yn y pasiant cynta na'th Dafydd, fe ges i ran y ficer
'da fe, credwch ne' bido, ac ro'dd leins 'da fi i'w gweud tua
diwedd y sioe.
    Wel, fues i'n trial dysgu'r hen linelle y gore gallen i am
sawl wthnos ond ro'n i'n mynnu cymysgu rhai ohonyn nhw o
hyd. Wrth i'r perfformiad agosáu, ro'dd Dafydd yn pregethu
arnon ni nad o'n ni fod i ddefnyddio sgript, ac y dylen ni
drial dysgu'r cwbwl ond ro'n i'n gwbod nad o'dd gobeth 'da
fi. Ro'dd rhaid i fi neud rhwbeth ar hast a feddylies i wrth
'yn hunan, 'Ddo' i dros dy ben di nawr gw' boi.' Yn digwydd
bod, ro'dd bowler hat yn rhan o wisg y ficer ac fe ges i syniad
sbeshal y bydden i'n cwato'r geirie tu fewn i'r hat. Fydde hyn
yn golygu, os elen i'n styc allen i wastad tynnu'n hat oddi ar
'y mhen a darllen y sgript o'r hat. 'Na beth o'dd strocen!

Fe dda'th nosweth y perfformiad, ac ro'dd pethe'n mynd yn grêt, tan y rhan ola yn 'y mherfformans i. Ro'n i fod i adrodd 'y mhregeth ac wrth i'r bregeth fynd yn 'i bla'n, fe sylweddoles i nad o'n i'n cofio beth o'n i fod i weud nesa. O'dd dim cliw 'da fi, dim un syniad. Felly, dyma fi'n mystyn am yr hat yn hyderus a'i dal o 'mla'n fel bo fi'n gallu gweld y sgript gwates i 'na cyn dachre'r sioe. Ond y cwbwl weles i o'dd cysgodion du. Do'n i ddim yn gallu darllen yr un gair. A'r pryd 'ny wawriodd e arna i yn rhy hwyr bod goleuade lectric yr eglwys wedi'u diffodd ar gyfer y perfformiad ac mai gole canhwylle o'dd o 'nghwmpas i. A'th hi'n nos ar y ficer yn llythrennol y nosweth 'ny. 'Na wers arall ddysges i 'to. On'd yw bywyd yn llawn o wersi?

Dwi'n gwbod bod Terwyn hefyd wedi magu tipyn o hyder ar lwyfan a hynny achos iddo fe fod yn rhan o banto Felin-fach. Dyna lle ddechreuodd gyrfa'r cyflwynwyr Marc Griffiths a Geraint Lloyd hefyd, dwi'n credu.

Ma'n rhyfedd mor glou ma storis yn lledaenu yng nghefen gwlad Cymru. Ma pawb yn nabod 'i gilydd, wrth gwrs. Yng nghanol y nawdege, pan ro'dd e'n dal yn yr ysgol, fe ga'th Terwyn 'i ddewis yn un o hanner cant mas o gant a hanner o bobol fydde'n ca'l cyfle i fynd am brawf sgrin i fod yn un o gyflwynwyr newydd rhaglen *Heno* ar S4C. Nawr, ro'dd e a fi'n gwbod falle 'i fod e 'bach yn rhy ifanc i ga'l swydd fel'ny ar y pryd achos crwt ysgol o'dd e, ond bant â ni i Abertawe un diwrnod, lawr i ble'r o'dd swyddfeydd cwmni Agenda ar y pryd iddo fe ga'l rhoi siot arni. Ond y stori o'dd ar led yn drwch ar hyd Dyffryn Aeron o'dd mai fi – ie, fi y dyn AI, o'dd yn enwog am anghofie geirie yn y pantomeim – o'dd wedi ca'l cyfle i drial am jobyn cyflwyno ar S4C. Jobyn lle fydde'n rhaid dysgu sgript nawr ac yn y man, siŵr o fod. Ond ma'n debyg bod un o'r actorion o'dd 'da fi'n y pantomeim ar y pryd wedi ca'l 'i ddala'n gweud wrth rai o aelode er'ill y cast, 'Pwy ma fe'n meddwl yw e? Sai'n gwbod, dim ond tamed bach o blydi pantomeim ma fe 'di neud erio'd!' Fe ges i a Terwyn lot o sbort pan glywon ni'r stori honno. 'Na beth sy'n neud byw yng nghefen gwlad mor ddiddorol ambell waith, 'sdim dal beth glywch chi amdanoch eich hunan.

Ond fe na'th bod yn rhan o'r pantomeim arwain fi at bethe er'ill. Fe ges i ambell ran yn opera sebon Radio Ceredigion, *Bontlwyd*, a drama radio gan Jennifer Thomas, sef *Dwyn Mae 'Nghof* am hanes y Dr Rogers o Blas Abermeurig yn boddi yn llif yr afon ger Tal-sarn. Ro'dd rhain i gyd yn brofiade gwerthfawr iawn 'to, ac yn rhoi'r teimlad sbeshal 'na i fi 'mod i'n rhan o gymuned ac ma hwnna'n beth pwysig iawn i fi.

Ro'dd 'na eisteddfod ddwl yn ca'l 'i chynnal yn y theatr bob gwanwyn hefyd. Eisteddfod o'dd hon lle bydde'r pentrefi sy'n rhan o Ddyffryn Aeron yn cystadlu'n erbyn 'i gilydd i ennill gwobr arbennig ar ddiwedd y nosweth – sef bwced goch!

Ro'dd y theatr wastad yn orlawn adeg yr Eisteddfod ac ro'n ni'n ca'l tipyn o sbort yn ymarfer ar gyfer y cystadlaethe amrywiol, pethe fel clas jimnasteg gwallgo, a danso gwerin dwl. Dwi'n cofio criw ohonon ni'n esgus ein bod ni'n griw o jimnasts boncyrs a phob dyn o'dd yn y grŵp wedi stwffo sbynj mowr i lawr bla'n 'i leotard: long johns a fest o'dd arna i. Dwi'n cofio fi'n cwrso Ray Powell Felin-coed, Tal-sarn gynt fel rhan o'r 'perfformans' a neud rhyw seiens o wasgu'n hunan yn 'i herbyn hi wrth i ni'n dou esgus mynd yn sownd ar y *pommel horse*. 'Na beth o'dd sbort, a'r gynulleidfa'n 'u dwble'n wherthin. Sai'n siŵr o ble o'dd y syniade am ryw ddwli fel 'ny'n dod cofiwch, o ryw gilfach fach dywyll gomig siŵr o fod.

Fe fydden i a'r diweddar Gareth Davies Sych-bant, Tal-sarn wrth ein bodd hefyd yng nghanol dwli yn neud rhyw ffilmie hanner call a dwl mewn gwahanol fanne yn y pentre. Bydden ni'n creu sefyllfaoedd rhyfedd, pethe fel stwffo'n hunen lawr rhyw gwter a thrial dod mas ohono fe. Peidwch â holi! 'Na beth o'dd ffwlied! Ro'n ni'n fwy o ffwlied na'r rhai ifenc ambell waith.

Ac er bo fi wedi mynd yn rhy hen i ddanso a thasgu ambytu llwyfan y theatr erbyn heddi, dwi'n dal yn hoff iawn o fod yn rhan o rwbeth fuodd mor bwysig yn 'y mywyd i. Nawr, dwi'n joio bod yn un o reolwyr blaen tŷ y theatr, jobyn sy'n golygu bo fi'n gyfrifol am y stiwardied yn y theatr ar nosweth perfformans. Ni sy'n trial neud yn siŵr bod y perfformans yn dachre'n brydlon a cha'l y gynulleidfa i'w seddi mewn pryd. Fe fydda i'n mynd yno'n amal yn ystod y flwyddyn i neud y gwaith hynny. Ma'n gyfle da i gwrdd â wynebe cyfarwydd 'to ac i gwrdd â phobol newydd hefyd. Dwi'n mwynhau ca'l mynd yno, ma'n rhoi modd i fyw i fi.

Amser bant a galifanto

Yng nghanol y prysurdeb i gyd, dwi yn ca'l tamed bach o amser i fi fy hunan ar adege cofiwch, ac ma hynny'n braf iawn nawr ac yn y man. Gan mai lle bach sy 'da fi yma yn Blaen-plwyf Lodge, dwi'n cadw rhyw gant a phymtheg o ddefed Texel, gyda bron i hanner cant ohonyn nhw'n bedigrî. Fe fydda i'n rhoi hwrdd Rouge i'r ŵyn blwydd fel arfer yn lle bo fi'n 'u sarnu nhw yn y flwyddyn gynta. Drwy neud hyn, dwi wedi gweld 'u bod nhw'n dod ag ŵyn yn well.

Ma diddordeb wedi bod 'da fi mewn defed ers blynyddo'dd, ac ma Delyth hefyd â thipyn o ddiddoreb ynddyn nhw, er falle nad yw hi ddim yn ca'l cweit digon o amser i neud lot fowr â nhw'r dyddie 'ma, gyda busnes 'i hunan i'w gynnal a theulu ifanc i'w fagu.

Pan o'dd Delyth yn dal i fyw gartre, fe fydden ni'n dou'n mynd i'r sêls defed yn Llanelwedd yn amal iawn, i weld a o'dd 'na rwbeth gwerth 'i brynu. Aethon ni'n dou yno un flwyddyn i brynu defed, ac ro'n i'n ca'l hwyl arni'n bido, ond fe a'th y defed yn rhy ddrud i fi yn y diwedd a rhoies i'r gore i'r bido. Do'n i ddim wedi ystyried tan ar ôl iddyn nhw ga'l 'u gwerthu mai Delyth o'dd wedi bod yn bido amdanyn nhw yn fy erbyn i. A gartre ddo'th y defed gyda ni'n y diwedd – ond i Delyth, nid fi. Ond cofiwch chi, fi sydd wedi'i dysgu hi'n dda, ma'n rhaid.

Dwi hefyd wedi bod yn prynu defed gan Elgan Jones, ffarm Coedmor Hall, Cwm-ann ger Llanbed ar hyd y blynyddoedd, er mwyn cynyddu a datblygu'r praidd. Dwi wedi dysgu tipyn am ddefed pedigrî gan Elgan. Ma fe wedi bod yn ffrind da i fi ar hyd y blynyddo'dd, ac yn barod i helpu mewn emyrjynsi, nid jyst i neud â defed, unrhyw bryd.

Ma Grŵp Trafod Amaethyddol Llanbed wedi bod yn bwysig iawn i fi yn ystod y blynyddo'dd dwetha 'ma. Grŵp yw hwn lle ma ffermwyr a rhai sy â diddordeb yn y byd ffarmo a materion gwledig yn ca'l y cyfle i ddod at 'i gilydd bob pythefnos i glywed siaradwyr gwadd yn siarad ar bob math o byncie. Ma cyfle fel arfer ar ddiwedd y nosweth i drafod y pwnc ymhellach gydag aelode er'ill os o's unrhyw un ise. Ma'n siŵr ein bod ni gyda'r grŵp trafod mwya yng Nghymru erbyn hyn, o ran faint sy'n dod i'r cyfarfodydd. Ma 'na griw da ohonon ni'n cwrdd bob pythefnos yn y Clwb Rygbi yn Llanbed ac ma pawb yn cyd-dynnu'n dda. Ma Teifi, fy mab-yng-nghyfreth, yn trafaelu lan o Beulah i ddod i'r grŵp hyd yn oed. Fe fydda i wrth fy modd yn ca'l tynnu coes dou o aelode mwya diweddar y grŵp, sef Dai a John Evans, dou frawd sy'n digwydd bod yn ddou hen lanc hefyd, o ffarm yr Ynys ym Mronant ar bwys Tregaron. Dwi'n dal i drial whilo am bobi wraig iddyn nhw hyd heddi. Joien i ga'l esgus i wisgo'n smart i fynd i briodas.

Ers sawl blwyddyn nawr, dwi wedi bod yn gyfrifol am drefnu tripie blynyddol y grŵp, a hynny yng nghwmni Margaret Dalton, Gelligarneddau ger pentre Llangybi. Fe fyddwn ni'n trefnu rhyw ddou drip y flwyddyn – y naill yn y gwanwyn a'r llall yn yr hydref. Ry'n ni'n trial trefnu tripie sy'n mynd â ni i lefydd na fydden ni byth wedi dychmygu mynd iddyn nhw fel arall. Ma'n rhaid i fi gyfadde bo fi'n lico bod yn geffyl bla'n pan ma'n dod i bethe fel hyn, a dwi'n lico trefnu digwyddiade

a diddanu pobol. Dwi wrth fy modd yn ca'l acto'r ffŵl a neud i
bobol wherthin. Fe fydda i'n gwisgo pob math o hatie dwl wrth
drafaelu ar y bws, er mwyn ysgafnhau'r daith i bawb. Cyn hyn,
dwi wedi bod mas ar y stryd mewn rhywle dierth yn rheoli
traffig mewn hat blismon blastig gyda warden traffig go iawn yn
dynn ar 'yn sodle i a phawb ar y bws yn 'u dwble. Tase'r plant yn
'y ngweld i fydden nhw siŵr o fod yn embarasd, fel ma'n nhw'n
lico gweud wrtha i'n amal. Ond 'na ni, dwi'n joio mas draw
yn hala pobol i wherthin, ac ma fe'n rhan ohona i erbyn hyn,
newida i ddim rhagor.

Fuon ni am drip drwy'r Eurotunnel i Calais un flwyddyn,
er mwyn mynd i weld ffermydd mas yn Ffrainc, a hefyd mynd
i ryw ffair fwyd yn Cologne. Ar drips er'ill dwi'n cofio mynd
ar daith mewn balŵn aer poeth yng nghwmni'r cymeriad
hwnnw, Caradog Jones, y beili dŵr o Lanbed. Ma'r hen Garadog
yn dipyn o dynnwr coes, a tra o'n i lan yn yr hen falŵn o'dd
e'n tyngu'n ddu las 'i fod e'n gallu gweld cath yn cysgu ar fat
o'dd mewn tŷ oddi tanon ni a'i fod e hefyd yn gallu gweld top
mynydd Trichrug yn Nyffryn Aeron, a hwnnw ganno'dd o
filltiro'dd i ffwrdd! O'dd e'n gweud hynny mor siriys, o'n i bron
â'i gredu fe.

Odyn, ry'n ni'n ca'l cwmni sawl strab ar ein trips ni ac ma
rhai ohonyn nhw'n dod i'r meddwl yn syth, fel y ddou gymydog
fuodd yn byw drws nesa i ni yn Nhal-sarn, sef Rod a Rosie
Davies, sy bellach yn byw yn Llanfihangel-ar-arth. Collodd Rod
'i gap fflat ar un trip ryw flwyddyn. Sgwn i ble'r a'th yr hen gap?
A phwy ddwgodd e tybed (?!). Dwi'n cofio bod e wedi gorffod
talu deg punt mewn ocsiwn i'w ga'l e 'nôl ta beth!

Dou gymeriad siaradus arall o'dd Tommy Price o Gwm-ann
a'r diweddar Dai Davies, ffarm Castell, Llanbed. Fe gostiodd

Tommy a Dai'n ddrud i fi ar un trip ryw dro. Ro'dd ein bws ni
wedi stopo mewn gwasanaethe, fel ma'n nhw'n dueddol o neud,
er mwyn i ni ga'l hoe fach am fwyd a chyfle i fynd i'r tŷ bach.
Ro'dd Tommy a Dai a'u ffrindie'n ciwo o mla'n i yn y lle byta a
dyma fi a chriw arall yn whare jôc arnyn nhw, ac yn jwmpo'r
ciw. Do, fe fuodd bach o weiddi a thynnu coes, ond chymeres i
ddim lot o sylw, dim ond wherthin ar 'u penne nhw. Wrth i fi
gyrra'dd y man talu, fe wedes i wrth y fenyw fach wrth y til yn
ewn i gyd, 'Look after Tommy there, will you? He's my father.'
Y cwbwl wedodd y fenyw 'nôl o'dd, 'Well, if he's your father,
you should treat him. So, pay up, lad!' Ac fe bacffeirodd y jôc 'na
arna i. Fe wherthinodd Tommy, Dai a'r lleill mas yn uchel ar ôl
clywed hyn. Do'dd 'da fi ddim dewis wedyn ond talu ar 'u rhan
nhw bob un, ta beth o'dd y bil, a chi'n gwbod pwy mor ddrud
ma'r *Services* yn gallu bod.

Un o'r teithwyr fydde'n dod 'da ni ar y bws am flynydde
o'dd Wyn Davies o Gaerfyrddin. Ro'dd Wyn wrth 'i fodd yn
creu rhyw rigyme comic i fi nawr ac yn y man yn sôn am y
pethe dwl o'dd wedi digwydd i ni'n ystod ein trips. Felly, ar ôl
i bawb glywed am fy anffawd ddrud i'r bore 'ny, dyma Wyn yn
cyfansoddi pennill bach i fi:

> Aneurin ga'th wers fach am jwmpo'r ciw
> Dywedodd menyw'r til, 'Go back you!'
> 'But, madam,' medd ef, 'Tommy's my dad!'
> Atebodd hithau, 'Then pay up, lad!'

Dwi wastad wedi lico canu. Ar ôl i ni fod ar drip i weld adeilade
Cynulliad Gogledd Iwerddon yn Stormont ar bwys Belfast,
fe ofynnodd y Gwyddelod i ni fel grŵp ganu iddyn nhw ar

ddiwedd pryd o fwyd ro'n ni wedi'i ga'l yn 'u cwmni nhw. Felly, fe godon ni gyd ar ein tra'd a chanu 'Hen Wlad fy Nhadau' a 'Calon Lân' ac ro'n nhw wrth 'u bodd 'da'r adloniant disymwth. Ma Denley a Brenda, tad a mam Teifi'r mab-yng-nghyfreth, wedi bod yn dod ar y tripie ers tro nawr hefyd. Un o'r pethe sy 'da fi a Denley'n gyffredin yw 'i fod e'n hoff o ganu hefyd. Erbyn hyn ma canu deuawd gyda'n gilydd wedi dod yn draddodiad ar y tripie. Fe fuodd Denley a finne'n canu deuawd mewn capel un prynhawn ym mhentre Beamish tra'r o'n ni ar drip yn swydd Durham. Ro'dd e'n gapel o'dd ar agor drw'r dydd er mwyn i fisitors fel ni ddod i weld pwy mor bert o'dd y lle. Ro'dd y bobol leol wedi joio'r perfformiad gyment nes bo nhw wedi gofyn i ni fynd 'nôl i ganu 'na 'to ddwyawr yn ddiweddarach, a dyna beth wnaethon ni. Pan aethon ni 'nôl i ganu, ro'dd mwy o fisitors yn dod i weld y lle – ac ro'n *nhw* wrth 'u bodd â'r canu hefyd.

Fe gafodd y ddeuawd owting arall ryw bum mlynedd yn ôl pan o'n i'n dathlu 'mhen-blwydd yn chwedeg oed. Fe drefnodd Terwyn a Delyth barti syrpreis i fi yn y Clwb Rygbi yn Llanbed yng nghwmni teulu a ffrindie agos. O'n i ddim yn gwbod dim am yr holl drefniade a'th mla'n tu ôl i 'nghefen i. O'dd dim cliw 'da fi beth o'dd wedi bod yn mynd mla'n o'n i'n meddwl mai mynd i glywed noson hawl i holi ar faterion amaeth o'n i, ac o'n i wedi paratoi ambell i beth o'n i ise ca'l off 'yn *chest* yn ystod y drafodeth. Dychmygwch y sioc ges i o weld y teulu cyfan a ffrindie yno'n aros amdana i. O'n i jyst â chwmpo drw'r llawr!

Ro'dd hi'n nosweth fendigedig, gyda Bryan Jones, Felin-fach, neu Bryan yr Organ, fel ma fe'n ca'l 'i nabod, yn rhoi tonc neu ddwy ar yr organ i ni drw'r nos. Ac ar ddiwedd y nosweth a'th Denley a fi ati i ganu deuawd unwaith 'to, ac fe dda'th Rod Davies, Croesmaen ymuno â ni i neud triawd ac fe gelon ni dipyn o sbort a'r tri ohonon ni'n morio canu a phob un wedi enjoio, neu 'na beth o'n nhw'n weud, ta beth. Dwi wedi meddwl sawl gwaith ers 'ny pa mor bell allen ni'n tri fynd ar yr *X-Factor* neu *Britain's Got Talent* fel y Tri Hen Denor. Ond 'na fe, breuddwydo am 'ny fydd rhaid neud rhagor, siŵr o fod …

Fe ges i dipyn o gardie o bob man pan o'n i'n dathlu 'mhenblwydd, ac fe roies i unrhyw arian o'n i'n ca'l yn bresante i elusen Ambiwlans Awyr Cymru. Do, da'th cardie o bob cwr, a phob math o negeseuon ynddyn nhw hefyd. Ond fe ges i un llythyr heb enw arno fe drw'r post – dim carden – dim ond pishyn o bapur wedi'i brinto ar y compiwtyr a'r teitl 'Ma'r boi yn sixty' arno. Ro'dd pennill bach yn dilyn …

> Mae dyn y gocws blastig
> Yn dechrau mynd yn hŷn.
> Bu wrthi am flynyddoedd
> Yn stretsho sawl twll dîn.
> A'r gwragedd yn ochneidio
> Wrth weld e wrth 'i job,
> Yn meddwl am y gwely
> Fe licen gael ei 'nob'!

Ie, dyna beth o'dd pennill a hanner – fe goches i gyd pan ddarllenes i fe gynta – a sai'n siŵr o hyd pwy halodd e ata i, ond falle bydd pwy bynnag 'nath yn gwenu nawr wrth 'i ddarllen e 'to yn y llyfyr 'ma: fe dda'th e â gwên yn ogystal â gwrid i 'ngwyneb i ar y pryd.

Fydda i wrth 'y modd yn ca'l mynd ar drip y grŵp trafod neu'r *discussion group* bob blwyddyn. Fydda i ddim yn ca'l y cyfle i fynd bant o gartre'n amal, ond ma ca'l mynd ar dripie'r grŵp

trafod fel ca'l mynd ar holides gydag un teulu mowr. Dwi'n
ca'l cwmni Gareth Davies, ffarm Glan-wern Felin-fach ar y
tripie erbyn hyn a gyda fe dwi'n rhannu stafell a rhannu sedd
ar y bws hefyd. Ma Gareth wedi bod yn ffrind ffyddlon i fi ers
blynyddo'dd lawer, ac ro'n ni'n neud llawer iawn â'i deulu e pan
o'dd ein plant ni'n fach. Yn drist iawn, fe gollodd Gareth 'i wraig,
Margaret, rai blynyddo'dd yn ôl hefyd, ac ers 'ny byddwn ni'n
dou'n mynd yn amal i lefydd 'da'n gilydd a mas am swper 'da
ffrindie er'ill ambell waith. Ma'n braf ca'l cwmni rhywun arall i
fynd i lefydd, yn lle gorffod mynd ar 'y mhen 'yn hunan o hyd.

Ma gweitho fel dyn AI yn golygu lot o waith corfforol, ond mae
e hefyd yn gallu bod yn waith cymdeithasol iawn hefyd. Ac ar
ben neud y gwaith corfforol, dwi'n gorffod bod yn rhyw fath o
gownslyr i'r cwsmeried sy 'da fi. Dwi'n amal yn gorffod siarad
â nhw am 'u probleme personol a thrial rhoi gair o gyngor. Fe
alla i fod yn trafod pob math o bethe mewn wthnos, ma rhai
ise trafod crefydd, rhai er'ill ise sôn am be sy'n digwydd yn y
Cynulliad, er'ill wedyn ise trafod menwod – 'sdim dal.

   Dwi wedi gorffod cario sawl cyfrinach 'da fi o dro i dro
hefyd heb adel iddyn nhw bwyso'n rhy drwm ar 'yn sgwydde
i. Dwi'n lico meddwl mod i'n rhywun y bydde pobol yn gallu'i
drysto. Ma rhai ffermwyr yn gweld y dyn tarw potel fel rhywun
sy'n cynnig mwy na gwasaneth tarw i'w da. Ma'n nhw'n gweld
y dyn AI fel *confidante*, yn rhywun i fwrw'u bolie gydag e neu i
rannu gofid, achos ma ffarmo'n gallu bod yn waith unig iawn ar
adege. Do'n i ddim wedi ystyried hynny tan yn ddiweddar, ac o
feddwl amdano fel 'ny, ma'r ochor hynny o'r gwaith yn rhan sy'n
dod â lot o bleser i fi. Dwi'n lico meddwl bo fi'n rhoi *added value*
i'r cwsmeried ac yn gymorth hawdd 'i ga'l mewn cyfyngder.

Cau pen y mwdwl

Ar 10 Rhagfyr 2013 fe ddathles i 'mhen-blwydd yn chwedeg pump oed. Odw, dwi'n mynd yn hen, o ran blynyddo'dd beth bynnag, ond ddim cyment â 'ny o ran meddwl ac ysbryd. Ma pawb yn slowo lawr wrth iddyn nhw fynd yn hen, a serch bod y corff ddim fel ag o'dd e, ma digon o fynd ar ôl yndda i o hyd, gobeitho.

Dwi'n dal yn ca'l pleser mowr o drafaelu o ffarm i ffarm yn cwrdd â wynebe hen a newydd. Er y gallen i fennu gweitho o nawr mla'n, dwi'n meddwl y bydde 'na fwlch rhy fowr yn 'y mywyd i heb y gwaith tarw potel. Felly, fe garia i mla'n am damed bach 'to tan bo fi'n teimlo'i bod hi'n amser iawn i roi'r dŵr a'r sebon yn y to, fel ma'n nhw'n gweud.

Pan fues i'n ffilmo 'da Sulwyn Thomas ar gyfer *Ffermio* y tro hwnnw, fe wedodd Sulwyn yn 'i gyflwyniad fod 'unrhyw un sy'n hala'i amser a'i fraich lan pen-ôl buwch bownd o fod yn dipyn o gymeriad'. Wel, sai'n siŵr a yw hynny'n wir, ond dwi *yn* gwbod mai'r cymeriade go iawn yw'r bobol hynny dwi wedi rhoi'r gwasaneth yma iddyn nhw am yn agos i dri deg pump o flynyddo'dd. Er bod tipyn o'r cymeriade hynny wedi diflannu'n raddol ar hyd y blynyddo'dd a bod y rhod yn troi, ma 'na rai'n dal yno o hyd, a dyna'r rheswm pam sai wedi blino ar 'y ngwaith. Cwrdd â chymeriade fel hyn sy wedi 'nghadw i fynd drwy gyfnode hapus a thrist, ac sy'n dal i 'nghadw i fynd hyd heddi. A diolch byth amdanyn nhw. Ma cymuned a pherthyn i rywle yn bwysig iawn i fi – gwreiddie dwfwn sy 'da fi – ac yn fan hyn dwi'n perthyn.

'Sen i byth yn newid dim tamed ar 'y mywyd gwaith. Mae wedi bod yn ddiddorol ac amrywiol iawn, ac yn brofiad hapus dros ben hefyd. 'Sen i'n dewis bod yn ddyn AI 'to 'sen i'n ca'l y cyfle i ail-fyw 'y mywyd i fory, yn gwmws 'run peth â'r tro cynta – dim dowt.

Na, ddim pawb fydde'n lico hala'i bywyd wrth ben-ôl buwch, siŵr o fod. Ond i fi, ma fe wedi bod yn lle bendigedig i dreulio 'nyddie … er gwaetha'r holl ddom a'r pisho …